당신의 퀀텀리프

부·권력·지식의
위대한 도약

당신의
퀀텀리프

임춘성 지음

쌤앤
쌤파커스

차례

당신 왜
거기에 있나요?

수년 전부터 '4차산업혁명'이니 '초연결시대'니 하는 말이 시대의 유행어가 되었는지 어디든지 붙어 있습니다. 후대의 역사가들이 무엇이라 명명할지는 모르겠지만, 지금 우리가 '산업의 시대'의 끝자락, 아니면 그 무언가 새로운 시대의 앞자락에 살고 있는 것만은 분명합니다. 소위 '변곡'의 시기죠. 가장 번잡하고 가장 가파른, 그런 시기입니다. 그 변화의 속도를 체감하지 못하고 혼자의 원칙과 이론, 추세와 대세만 믿다가는 어떻게 될까요? 안타깝지만 생각보다 더 빠른 속도로, 순식간에 뒤쳐집니다.

변화해야 할 때 변화를 주도하는 자를 '선도자'라 부릅니다. 기꺼이 또는 마지못해서 변하는 자는 '생존자'라고 하죠. 하지만 변화해야 할 시기에 변하지 못하는 자는 '패배자'이고, 한술 더 떠 변화를 방해하는 자는 '파괴자' 또는 '역사의 죄인'입니다. 여러분은 지금 어디서 어떤 모습으로 있나요?

김 부장과 김 대리가 있습니다. 같은 회사에서 같이 일하고 같은 세상을 같이 살고 있지만, 같은 구석이라고는 성씨 외엔 없는 것 같 군요. 매일 마주하고 매일 대화를 나눕니다. 그러나 그들은 서로에 대하여, 서로에게 하지 않은, 하지 않는 얘기가 있습니다. 해봐야 소용없다는 생각에 그저 속에 묻어둔 얘기입니다.

91학번
김 부장의 생각

도대체 이해가 되질 않아. 아니, 이해하고 싶지도 않고. 대체 뭘 믿고 저러는 거지? 무슨 빨간 날만 모이면 해외여행이야. 모아놓은 돈도 없으면서. 금수저 물고 태어난 줄 알았다니까. 가진 건 외제차 1대가 고작이면서. 그것도 그렇지. 외제차? 참, 어이가 없네. 대리면 대리답게 대중교통 이용해야지. 술 한 잔만 하면 또 대리는 얼마나 불러재끼는지.

어? 그러고 보니 차에 왁스칠하다 못해 이젠 몸에도 왁스칠 한다고? 왁싱이라나 뭐라나. 나도 이제 다 안다고. 지난번 이 대리랑 페디큐어 어쩌고 하기에 내가 그게 뭐냐고 물어봤을 때 날 보던 그 얼굴, 그 웃음은 뭐야. 발톱 정도는 자기가 깎아야지. 지가 연예인인 줄 아나? 하하, 방탄대리단! 인스타, 페북 보면 가관일세. 리조트, 칵테일, 각종 수상 스포츠, 형형색색 발톱…, 아이고, 핫플레이스에다 미쉘린인지 미슐랭인지….

한 푼 두 푼 차곡차곡 알뜰살뜰 모아도 모자랄 판에, 저러다 집은 언제 장만하려는 건지. 집이 있어야 가정도 꾸릴 텐데. 아니, 아니, 그 개 1마리, 고양이 1마리 말고. 개와 고양이가 무슨 가족이야. 하긴 돈도 엄청나게 든다며. 제발 그 돈, 결혼해서 애 낳아 써라. 국가

시책에도 부응할 겸.

　제발 정신 차려. 아들 같아서 하는 얘기인데. 그래, 물론 요새 내 아들하고도 얘기 나눈 지가 꽤 되었다만. 아무튼 그렇게 살면 안 돼. 왜 그러고 있어. 왜 그런 생각에, 그러고 있어?

　김 대리! 넌 왜 그러고 거기에 있니?

91년생
김 대리의 생각

부장님, 이해하고 싶지 않아요. 이해되지도 않고요. 아니, 그렇게 살고 싶지 않아요. 그렇게 되지도 않을 거고요. 근검절약은 좋지만 근근째째는 싫거든요. 그렇게 근근이 살아가는 모습 별로예요. 지난번에 술 드시면서 얘기했죠. 30만 원. 30만 원 용돈으로 한 달을 '존버'하며 살고 싶지 않거든요. 그런데 술은 왜 그리 드세요? 건강검진 며칠 전부터 그렇게 초조해할 거면서.

그리고 옛날에는, 예전에는, 이전에는, 과거에는 어쩌고저쩌고하지 마세요. 옛날에는 대학 대충 다녀도 덜컥 졸업하고, 직장 대충 지원해도 덜컥 합격했다면서요. 그래 놓고 이전에는 직장에서 밤새고 일했느니, 과거에는 상사가 하라면 다 했느니, 말이 돼요? 왜 강조하고 강요하는 거죠? 우리는 덜컥 졸업하지도, 덜컥 합격하지도 않았거든요. 눈물 젖은 빵을 먹었다고 하지마세요. 우리는 그 빵 만드는 밀가루를 눈물로 반죽했거든요. 죽고 싶지만 떡볶이는 먹고 싶은 마음 이해되세요? 우리는 미未생이 아니라 미美생입니다.

또 있어요. 제 댕댕이, 냥냥이 가지고 뭐라 하지 마세요. 사랑스런 개를 가지고 사람들이 '개저씨', '개줌마' 하면 진짜 화나요. 근데 부장님은 왜 개 좋아한다면서, 복날에는 더더욱 개 좋아하세요? 지난번 이 부장님하고 초중말복 모두 다녀온 거 다 알고 있어요. 진짜 경이로워요. 원더부장스! 참, 원더걸스 잘 모르는 우리들 표현으로는 원더wonder가 아니라 마블marvel입니다.

제발, 세상을 보세요. 욜로의 워라밸 세상이에요. 가개밸도 있어요. 가족과 개인의 밸런스. 아빠밸 가까우니 하는 얘기인데요. 물론 요새 아빠가 무슨 생각하는지도 잘 모르지만, 암튼 그렇게 살지 마세요. 그렇게 살고 싶지 않다니까요. 왜 그러고 있어요. 왜 그런 생각에 그러고 있나요?

김 부장님! 당신은 왜 그러고 거기에 있나요?

김 부장과 김 대리,
결국은 똑같은 고민

솔직히 말해봅시다. 사람은 누구나 가진 것이 있고 못 가진 것이 있습니다. 못 가진 것이 크게 보이기도 하지만, 대부분의 경우 포기하게 되죠. 그렇지만 포기는 포기로 끝나지 않습니다. 포기해야 할 못 가진 것에 대한 부정으로 이어집니다. 그래야 마음이 편해지니까요. 갖지 못한 것에 대한 폄하가 갖지 못한 자의 마음을 편하게 해주니까요. 그게 속세의 처세이고 그것이 세속의 평범한 우리의 마음이니까요.

김 부장은 김 대리의 젊음만 부러운 것이 아닙니다. 젊고 싱그러운 시절 넓은 세상을 만끽하며 여유로운 체험을 합니다. 젊기도 하고 싱그럽기도 한 데다 각종 호사까지 경험해봅니다. 무엇보다도 자신과 개인의 삶에 최선을 다하는 그 모습이, 그러지 못했던 입장에서 부럽습니다.

김 대리도 김 부장의 직위만 부러운 것은 아닙니다. 직위에 걸맞은 집이 있습니다. 고갈될 걱정 없는 연금과 보장된 보험이 있습니다. 어여쁜 자녀가 있는 데다 이제 다 키우기까지 했습니다. 무엇보다도 가족과 자녀의 삶을 위해 최선을 다했다는 그 모습이 아직도 요원한 입장에서 부럽습니다.

김 부장과 김 대리는 가까이 하기에는 너무 먼 당신입니다. 멀리 있고 멀리 느끼니 서로가 서로에게 속 깊이 묻어놓은 질문만 하고 있는 겁니다. '당신은 왜 거기에 있나요?'

그러나 조금 더 멀리서, 멀찍이 김 부장과 김 대리를 보면 그들은 충분히 가깝습니다. 같은 시대에 현존하는 같은 직장을 다니는 같은 사람들이라서 그런지 몰라도, 김 부장과 김 대리의 고민을 풀어보자면 모두 같은 것들에 대한 것입니다. 아주 현실적인 것들이죠. 돈과 관계 같은 것들입니다. 김 부장과 김 대리가 고민하는 이유는, 이러한 현실, 현실적인 것들에 대해 각자의 입장에서 가까이하기가 어렵기 때문입니다.

아무도 아니라고는 말 못 할 겁니다. 지금의 세상이 얼마나 개벽이고 개혁인지. 하루하루가 얼마나 급속한 변화의 연속인지. 어제와 오늘이 확연히 다르고, 오늘과 내일이 확실히 다를 겁니다. 김 부장과 김 대리는 세상이 변한다는 현실을 알고는 있지만, 현실이 변하는 세상을 제대로 받아들이지 못하기는 마찬가지입니다. 그러니 현실적이지 않은 것입니다. 그러하니 현실적인 것들과 가깝지 못한 것입니다. 가까이하기엔 너무 먼 당신이 아니라 너무 먼 현실이라고나 할까요. 그래서 물어봅니다.

"김 부장! 김 대리! 당신들은 왜 그러고 거기에 있나요?"

김 부장과 김 대리의
위대한 도약

김 부장은 어제의 생각으로 오늘을 바라봅니다. 과거와 현재는 이어지고 있지 않은데 말이죠. 김 대리는 오늘의 생각으로 내일을 쳐다봅니다. 현재와 미래는 이어지지 않을 텐데요.

김 부장은 미래를 위해 현재를 희생합니다. 김 대리는 현재를 위해 미래를 희생합니다. 희생이라기보다는 어쩌면 포기라 하는 게 맞겠지요. 옛날처럼 예전처럼 과거와 현재, 그리고 미래가 다 비슷비슷하게 고만고만하게 흘러간다면 문제가 없을 텐데 말입니다.

그렇습니다. 매끄럽게 이어지지 않고 군데군데 곳곳이 간극이 있다면, 뛰어야 합니다. 과거와 현재 사이에, 또 현재와 미래 사이에 간격이 벌어졌다면 뛰어야 합니다. 다른 방법이 없다면 포기하지 말고 뛰어야 합니다. 도약해야 합니다. 그냥 그 자리에, 거기에 머물면서 상대를 부정하고 혹은 부러워해서는, 때론 나를 부정하고 혹은 포기해서는 안 됩니다. 뛰어서 도약해야 합니다.

게다가 돈과 관계의 얘기입니다. 관심 없다고요? 그러지 마세요. 돈과 관계, 부와 권력에 대해 관심이 정말 없다고요? 그렇게 말하지 마세요. 당신도 저처럼 현실을 살아가는 현실적인 사람 아닌가요?

도약해야 합니다. 그것도 위대한 도약을 해야 합니다. 부와 권력,

그리고 그것과 맞물려 있는 지식에 대해서요. 지금 세상의 부, 권력, 지식은 당신이 지금까지 알고 있던 것들과 판이하게 다릅니다. 그들을 얻기 위해서는 도약을 해야 합니다. 위대한 도약, 퀀텀리프를 해야 합니다. 김 부장을 비웃고 김 대리를 탓하지 말고 우리 함께, 김 부장과 김 대리 모두 도약해야 합니다. 새로운 세상 아닙니까. 새로운 세상의 현실 얘기 아닙니까.

거기에 그대로 있지 마세요. 거기에 있지 말고, 거기에서 처연하게 쓸쓸히 서 있지 말고, 머물지 말고…, 자, 하나 둘 셋, 점프! 당신의 위대한 도약, 당신의 부, 권력, 지식의 퀀텀리프를 위하여!

1

당신은
퀀텀리프 해야 한다

인생은
직선이 아니다

우연히 들른 초등학교 교정은 충격이었습니다. 기다랗던 교사와 커다랗던 교실, 널찍한 운동장과 큼직한 축구골대는 더 이상 없었습니다. 이렇게 작고 좁은 곳이었다니…! 그 시절 크고 넓었던, 그리고 어린 마음에 온 세상과도 같았던 학교의 모습은 온데간데없이 사라져버렸습니다. 하지만 압니다. 학교는 늘 거기에 있었고, 교정은 원래 그대로라는 걸. 나의 풍채가 변했다는 걸. 세상을 바라보는 나의 시선과 마음이 훌쩍 커버렸다는 걸 말입니다.

이문열의 《우리들의 일그러진 영웅》의 초등학교 시절 주인공의 눈에 엄석대는 난공불락의 영웅이었습니다. 세월이 흐른 뒤 주인공은 우연히 엄석대를 보게 됩니다. 일그러지고 초라해진 그의 모습에 더 이상 영웅은 없습니다. 엄석대를 바라보는 과거의 마음과 현재의 마음 사이에 엄청난 괴리감을 느끼며 소설은 끝나죠. 훌쩍 변해버린 시선을 설명해줄 수 있는 것은 오직 세월뿐입니다. 어느 날 갑자기 알게 됩니다. 사랑이 어느덧 시작된 것을, 그리고 또 불현듯 끝났다는 것을. 어느 날 대나무가 커버린 것처럼 아이의 키가 커버린 것을. 다이어트의 고통스런 시간 속에 도무지 꿈적 않던 몸무게가 갑작스레 줄어든 것을.

　시간은 하루하루, 1초 1초 차분히 연속적으로 흐르지만, 우리의 시선과 마음, 몸과 몸무게, 생각과 신념이 꾸준히 연속적이지는 않은 것 같습니다. 갑자기 통째로 흔들리는 엄청난 변화의 순간, 그 순간이 지나면 다시는 이전으로는 돌아갈 수 없을 정도로 변화의 골은 넓고 깊습니다. 우리는 끊어져버린 골의 앞과 뒤를 잇는 것을 포기해야 합니다.

　성장기에 많이 읽었던 성장소설들은 대부분 이런 형식이죠. 현재의 자아가 과거의 자아를 회상합니다. 당연히 과거와 현재의 자아가 동일인이고 동일한 정체성을 가졌지만, 소설을 읽는 독자는 의아해합니다. 이야기하는 자아와 이야기되는 자아는 분리되어 있고, 그 간극이 넓고 깊다는 것이 성장소설의 주요 내용이니까요. '성장'이라는 말의 의미도, 연속적인 시간에서 동일한 사람의 시선과 마음이 어느 순간에 갑자기 급변하는 현상입니다. 성장소설의 대명사인 헤르만 헤세의 《데미안》의 가장 유명한 문구는 '새는 알을 깨고 나온다.'이지 않습니까.

새가 알을 깨고 나온 순간, 새는 더 이상 알이 아닙니다. 그런 순간은 인생에서 비일비재합니다. 인생을 단순히 살아온 시간으로 계산한다면 연속의 연속이겠지요. 그렇지만 알을 깨고 나오는 성장의 연속이야말로 인생의 진실한 실체입니다. 그렇다면 더 이상 인생을 연속적이라 할 수는 없겠지요. 네, 인생은 연속적이지 않습니다.

인류의 역사도 연속적이라 하기는 어려워 보입니다. 어떤 사건과 계기를 통해 인류는 돌아가는 다리를 불태우거나 돌아올 수 없는 강을 건넙니다. 불을 발견하고, 농사를 짓고, 무기·활자·컴퓨터·인터넷을 발명하고…. 이러한 엄청난 대변혁까지는 아니더라도 역사적인 사실들은 기실 이전과는 판이하게 다른 불연속성들을 기록한 것이라 하겠죠.

그러나 기나긴 역사의 지평선을 한눈에 보지 못하는 우리네의 시선과 마음에는 연속성이 그득합니다. 대부분 하루하루 매일매일이 그리 다르지 않은 날들이니까요. 한 번씩 터지는 엄청난 사건으로 개인의 인생과 사회의 통념이 뒤흔들리는 것을 목격하지만, 대부분의 나날들은 그저 묵묵히 직선처럼 흘러갑니다. 그래서 너무도 당연히 어제 같은 오늘이, 오늘 같은 내일이 될 것이라 판단하고, 세상은 그저 어제, 오늘, 내일, 모레…, 그냥 1, 2, 3, 4와 같이 흘러갈 거라 예측하는 것입니다.

최고의
남자

우스꽝스러운 얘기 좀 해볼까요. 멍청하고 바보 같은, 어떻게 이런 말도 안 되는 말을 했을까 싶은 얘기들입니다. 포드자동차가 세상에 등장할 당시 굴지의 미시간저축은행 회장은 "자동차는 일시적 유행이다."라 말하며 투자를 거부합니다. '일시적 유행'이라니요. 웨스턴 유니온은 전화기를 '본질적인 가치가 없는 물건'으로, 20세기 폭스 사는 TV를 '사람을 피곤하게 만드는 합판상자'라 평가했습니다. 이전에 없었다는 이유로 전화기와 TV의 미래를 일축해버린 거죠.

인공지능의 이름으로 붙여질 정도로 추앙받는 IBM의 왓슨 회장은 1943년에 "컴퓨터는 앞으로 전 세계에 5대 정도만 존재할 것이다."라고 망언했으며, IBM은 또 1959년에 "복사기와 같은 기계의 전 세계 수요는 최대 5,000대 수준"이라며 제록스 설립자의 제안을 거절합니다. 1981년 맥킨지 앤드 컴퍼니는 엄청난 컨설팅 비용을 받고 AT&T에 무선통신은 확산에 한계가 있으니 사업을 접으라고 조언합니다. AT&T가 유무선 통신의 절대강자로 군림할 수 있는 기회를 돈 받고 빼앗은 셈이죠.

1964년 미국에서 '최고의 남자'라는 영화가 제작됩니다. 이 영화의 극중 주인공은 대통령. '최고의 남자'인 주인공 대통령의 역할을 맡을 영화배우를 찾던 캐스팅 전문가들은, 물망에 올랐던 영화배우 도널드 레이건을 뜯어보고 평합니다.

"레이건에게는 단 1인치도 대통령의 풍취를 느낄 수 없다."

하지만 레이건은 이후 8년간 대통령으로 재임했고, 현대 미국인이 가장 사랑하는 대통령의 전형이 되었습니다. 2016년 알파고와 대국 직전, "알파고는 아직 나와 승부를 논할 수준이 아니다."라며 자신만만해했던 이세돌도 생각납니다.

도대체 왜 그랬을까요? 명색이 전문가라 하는 사람들이 왜 그랬을까요? 왜 그처럼 바보 같은 판단을 했을까요? 중요한 건 이유입니다. 그들이 바보가 된 사실이 중요한 것이 아니라 바보가 된 이유가 중요합니다. 그토록 똑똑한 사람들이 그런 멍청한 예측을 했다면, 저도, 여러분도 충분히 그럴 수 있지 않겠습니까? 그러니 이유를 알아야죠.

그들은 '1, 2, 3, 4' 했기 때문입니다. 어제 같은 오늘, 오늘 같은 내일이 온다고 생각한 거죠. 물론 발전과 진보를 염두에 두었을 테고 나름 감안했겠지요. 1, 2, 3, 4… 이렇게 말이죠. 그렇지만 세상은 어느 시점부터인가 그리 차분하거나 평탄하지가 않습니다. 처음에는 얼추 비슷합니다. 1, 2, 4… 그러다가 8이 되고 16이 됩니

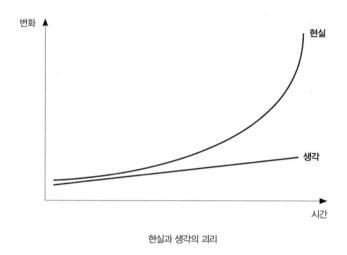

현실과 생각의 괴리

다. 다음은 100, 1000, 1만… 이렇게 되고요. 마치 직선으로 흐르는 듯 보이다가, 어느 순간부터는 미친 듯이 변합니다. 연속적인 흐름이 급작스레 불연속적인 변화가 됩니다.

몸과 마음이 훌쩍 커버리고, 어느 날 갑자기 사랑이 들이차고 또 떠나갑니다. 조금씩 쪼금씩 천천히 천천히 들썩거리다가 어느 시점에 도달하면 요동치고 폭발하며 이전과는 전혀 다른 양상이 되어버립니다. 나도 그렇고 남도 그러하며, 사람도 그렇고 사회도 그러합니다. 인생도, 세상도 결코 연속된 직선이 아니기 때문입니다.

그럼에도 불구하고 많은 사람들은 과거의 흐름과 경험에 필요 이상으로 집착합니다. 일상의 다반사가 늘 변함없을 것이라 생각하지만, 변함없다가도 일순간 엄청난 변곡을 맞이하는 게 인생과 세상의 법칙이건만, 그러하다는 것도 본능적으로 인지하고 있건만, 집착하고 안주하게 됩니다. 변곡점을 맞이하기 전의 평온함과 차분함에 지나치게 익숙해진 것이겠죠. 성탄절 만찬용 칠면조가 성탄 전야까지 포식하고 대우받으며 포근한 행복함을 만끽하는 모습이 떠오릅니다.

'예측하다'를 뜻하는 영어단어로 'forecast'가 있습니다. 특히 기업에서는 자사가 만들어내는 상품과 서비스를 시장과 고객이 얼마나 구매할 것인가를 예상하는 '수요예측'으로 쓰이는 매우 중요한 단어입니다. 현대 기업경영과 업무의 첫 단추이자 단초인 셈이죠. 이 단어의 사전적 정의를 살펴보았습니다. 종종 영어식 설명이 군더더기 없이 깔끔할 때가 있잖아요. 'predict future using past data'랍니다. 과거의 데이터를 가지고 미래를 예측하다. 기업이든 사람이든 모두 과거의 경험을 가지고 현재를 판단하고 미래를 예측하는 것은 당연한 일이지요.

상식의
배신

그러나 생각해볼 일입니다. 과거의 데이터를 가지고 예측하는 것이 늘 합당한가요? 낭패 볼 수 있는 몇 가지 경우를 짚어보겠습니다.

먼저 그 과거의 데이터가 완전할까요? 세상의 다양한 변화와 변화의 다양한 요인을 다 설명할 수 있을 만큼 충분한 데이터일까요? '용기 있는 자가 미인을 얻는다.'고 합니다. '위대한 기업에는 위대한 비전이 있다.'고도 하죠. 그렇다면 미인을 얻은 자는 다 용감무쌍할까요? 비전만 위대하게 제창하면 위대한 기업이 될까요? 제한된 경험을 가지고 확신을 갖는 것만큼 어리석은 일은 없습니다.

두 번째 경우는 충분히 많은 데이터를 가지고도 발생합니다. 오랜 경험이 쌓인 나이 지긋한 노인이 모두 현명할 수 없는 이유입니다. 문제는 충분한 경험 데이터를 제대로 처리하지 못하는 인간의 한계에서 비롯됩니다. 보고 싶은 것만 보고 듣고 싶은 것만 듣는 '확증편향confirmation bias', 하나의 두드러진 특성으로 인해 다른 특성까지 왜곡해서 판단하는 '후광효과halo effect', 복잡한 상황을 실제보다 단순한 것으로 축약하는 '환원적 편견reductive bias'…. 모두 올바

28

른 데이터를 가지고 올바르지 못하게 프로세싱 하는 인간의 인지성향을 일컫는 용어들입니다.

우리 주위에서 심심치 않게 만날 수 있는 꽉 막힌 어르신과 아집의 자수성가 사장님들이 그런 분들이겠죠. 오죽하면 '미래의 성공의 가장 큰 적은 과거의 성공이다.'라는 말도 있잖아요. 과거에 성공했던 추억, 그 추억의 주인공인 자신, 그 자신이 했던 판단의 후광에 도취하여 편향과 편견을 만들어내는 것이죠.

세 번째 경우도 있습니다. 충분히 데이터를 모으고 열심히 스스로를 냉철하게 담금질해도 어쩔 수 없는 경우입니다. 엄청난 빅데이터가 우리 손에 있고 똑똑한 인공지능이 우리 곁에 있어도 어찌할 수 없는 경우입니다. 우리는 '오늘은 어제와 같고 내일 또한 오늘과 크게 다르지 않다.'는 가정 하에 삶을 영위하고 있습니다. 그런데 만일 현재가 과거와는 판이하게 다르고, 현재와 미래의 흐름이 과거에서 현재로 흘러왔던 방식과 현격히 다르다면 어쩌겠습니까? 제아무리 많은 경험을 쌓고 냉철한 지성으로 무장하더라도 쓸모없지 않겠습니까? 1, 1, 1, 1…, 아니면 고작해야 1, 2, 3, 4…일 줄 알았는데, 만일 1, 2, 4, 8, 그리고 10, 100, 1000, 1만으로 배가 되고 증폭된다면 어떻게 판단하고 예측해야 할까요? 그래서 이전으로는 결코 돌아갈 수 없는 불연속성이 그간 공고했던 우리의 인식과 세상의 상식을 내팽개쳐버린다면 어떻게 대처해야 할까요? 정녕 어떻게 대응해야 할까요?

《데미안》에서 알에서 나온 새는 날아 가버립니다. 다시는 알로 돌아오지 않을 테죠. 본연의 자신을 찾아가는 것, 알로 돌아가는 것, 그것이 그토록 힘드니 "내 속에서 솟아나오려는 것, 바로 그것을 나는 살아보려고 했다. 왜 그것이 그토록 어려웠을까."라는 첫 구절로 《데미안》은 시작된 것 아닐까요.

현재의 자아가 과거의 자아를 회상하며 훌쩍 변해버린 자아를 느끼고, 과거의 자아로 찾아가며 현재의 문제를 해결하고, 현재의 자아와 과거의 자아를 연결하며 동질성과 정체성을 회복하는 것이 성장소설의 골격입니다. 또한 그것이 우리가 '성장'이라고 부르는 것의 핵심이기도 하죠. 그러나 현재가 과거와 이어지지 않는다면 구태의연한 성장소설의 방식과 우리가 추구하는 '성장'의 방법론은 결코 유효하지 않을 것입니다. 그저 과거의 무용담이나 아날로그 시절에 대한 회상 정도로 적합하겠지요.

이제 세상의 변화는 우리의 의지와는 상관없습니다. 세상의 드라마틱한 변화와 발전은 기하급수적인데 우리는 고작해야 산술적으로 손가락이나 꼽고 있어서는 안 되지 않겠습니까? 뭔가 새로운 생각과 방법이 필요하지 않겠습니까? 전혀 다른 세상에 걸맞은 그런 생각 말입니다.

당신이 믿고 있는,
믿지 않아야 할 얘기들

어떠세요? 흘려듣지만 말고 생각해보세요. 이미 성장이 멈췄다고요? 변하라는 얘기는 수없이 들었다고요? 첨단기술과 관련 없는 직종이라고요? 세상의 흐름과는 무관하게 초연하게 살리라 다짐했으니 관심 없다고요? 정말 그런가요? 하지만 한 번 더 생각해보길 바랍니다.

제가 이제부터 끄집어내고자 하는 부, 권력, 지식, 이런 것들에 정녕 관심이 없나요? 좋습니다. 그렇다 하더라도 적어도 세상의 흐름과 변화의 양상을 알아야 여러분 자신도 지켜낼 수 있는 것 아닌가요? 마치 사회와 주변 사람들 속에서 자신의 정체성을 찾을 수 있으며, 남을 사랑해야 비로소 자기 자신을 진실로 사랑할 수 있는 것처럼요.

인간은 200만 년이나 수렵과 채취로 연명했습니다. 그러다가 곡물을 재배하기 시작하며 1만 년의 '농업의 시대'를 지내왔고, 기계화와 함께 '산업의 시대'에서 또 200년을 보냈습니다. 우리 모두는 그 산업의 시대를 살아왔습니다. 산업의 시대에서 태어났고, 자랐고, 배웠고, 일해 왔습니다.

그래서 그렇습니다. 여러분이 아무리 독창적이고 창의적이고 때론 혁신적이라 해도, 다 거기서 거기입니다. 남다른 생각을 하더라도 남과 크게 다르지 않습니다. 200년간 쌓였던 고정관념으로 철저히 무장되어 있어서입니다. 너무도 당연하다 생각하는 것들, 그것들은 충분히 당연하지 않을 수도 있을 텐데요.

그리고 지금. 지금 우리는 어디에 있나요? 인류가 살아온 유구한 역사에서 우리가 처한 이 시점은 어느 지점인가요. 그렇습니다. 우리는 산업의 시대의 끝자락, 아니면 무언가 새로운 시대의 앞자락에 살고 있는 것은 분명합니다. 정보화 시대이든지 초연결 시대이든지, 후대의 역사가들이 무어라고 명명하겠지요. 인류가 201만 년을 살면서 그리고 200년의 산업시대를 지나오면서, 하필이면 우리는 지금 변곡의 시기에 도착했습니다. 번잡하고 변화의 속도가 가파른 딱 그 시기이죠. 지금까지의 경험으로는 앞으로의 시대를 결코 예측할 수 없는 변곡점에, 우리는 처연히 서 있습니다.

산업시대에서 우리들의 사고를 세뇌시킨 두 사람이 있습니다. 아담 스미스는 《국부론》에서 '개인의 악덕이 공공의 미덕'이라 합니다. 쉽게 말하자면 '나만 잘 먹고 잘살면 된다.'입니다. 개개인은 열심히 돈 벌어서 축재하고 떵떵거리고 살아도 된다, 그래도 '보이지 않는 손'에 의해 시장과 공공이 발전한다는 뜻이죠. 이것이 우리를 둘러싼 자본주의와 자유시장경제의 논리 아니겠습니까. 개인의 이기적 경제행위에 면죄부를 준 것입니다.

자기계발서의 원조라 할 수 있는 새뮤얼 스마일스의 《자조론》에서도 강조합니다. '하늘은 스스로 돕는 자를 돕는다.' 이 또한 개인의 이기적 성공노력에 정당성을 부여한 것이죠. 그래서 개인은, 우리 모두는, 조직은, 조직의 대명사인 기업은, 열심히 노력합니다. 스스로를 담금질하며 열심히 일합니다. '모든 것은 내가 하기 나름이다. 내가 잘되는 것은 내가 노력해서 내 능력을 개발했기 때문이다. 내가 잘되지 못하는 것은 그렇게 하지 않아서다.' 그저 그렇게만 생각합니다.

맞습니다. 내가 열심히 해야죠. 그러나 무조건 맞는 얘기입니까? 세상이 다 거기서 거기이고, 세상의 변화라고 해봐야 역시 거기서 거기인 시절에는 그랬겠죠. 내가 갈고닦은 실력이 주위에서 최고일 때가 있었습니다. 나만의 독보적인 무언가로 주변을 평정하던 시절이 있었습니다. 그러나 이제는 아닙니다. 여러분의 독보적인 실력이 이전과 다른 게 아니라, 달라진 것은 주위와 주변입니다.

이전에는 산 너머, 바다 건너에 있는 중원의 고수나 무림의 도사는 나와 전혀 상관없었습니다. 그러니 독보적이었죠. 하지만 이제는 아닙니다. 모든 것이 연결되는 초연결 시대가 아닙니까. 여러분보다 우월하고 여러분의 기업보다 탁월한 조직은 세상에 많습니다. 아닌가요? 그리고 그들과 쉽게 연결됩니다. 연결의 비용이 엄청 싸졌으니까요.

그래도 다 자기 하기 나름이라고요? 정녕 요즘 같은 세상에도 통하는 얘기인가요? 도대체 지금이 어떤 세상인데 아직도 이러한 발상에 머물러 있나요?

티끌은 티끌,
거름은 거름

아담 스미스나 새뮤얼 스마일스에게 의도적인 악의가 있다고는 생각하지 않습니다. 우리를 계몽시키고 사회를 발전시키려 했겠죠. 그러나 그들과는 다르게 의도가 있는 주입도 있습니다. 결코 훌륭하다고만 볼 수 없는 이들의 저의에 의해서 이루어집니다. 어떤 부자들은 말합니다. 근검절약하라고. 티끌을 모으라고. 한 푼 두 푼 모으는 저축정신을 강조합니다.

하지만 그렇게 모아서 부자가 되던 시절은 끝났습니다. '티끌 모아 티끌'이라는 말, 그저 웃고 넘기기에는 씁쓸합니다. 안 쓰고 모은 돈으로, 그 돈을 활용하여 정작 부자가 되는 사람은 다른 사람들입니다. 우리가 근검하고 절약하여 쌓아놓은 티끌을 부풀려서 태산을 만드는 건 우리가 아닌 그들입니다. 중요한 건, 우리의 티끌이 없다면 그들의 태산도 없다는 것이죠. 그래서 그들은 우리에게 외쳐댑니다. 근검절약과 저축정신을. 앞에서는 외치면서 뒤로는 비웃는 꼴이라고나 할까요.

권력자는 국민교육헌장을 외우게 하고 낭독시킵니다. 사회의 밀알이 되라고 훈육합니다. 그러나 밑거름은 거름일 뿐입니다. 많은 이들의 밀알을 지르밟고, 밑거름을 빨아들여 권력을 꽃피우는 자는 따로 있습니다. 다수의 책임과 희생으로 발현되는 권리와 권한은 일부 권력자들의 몫입니다. 그들이 우리에게 강조하는 묵묵한 책임의식은 그들의 밑거름이 됩니다.

앙리 마티스의 간결하지만 강렬한 작품 '이카로스'는 하늘을 나타내는 파란색 바탕을 검은색 사람의 형체가 가득 채우고 있습니다. 그는 깃털로 만든 날개를 자신의 몸에 밀랍으로 고정하여 하늘 높이 날려했던 '이카로스'입니다. 태양에 가까이 올라가면 밀랍이 녹을 것이라는 경고를 무시해서 결국은 추락해 죽은 신화 속 인물이죠.

마티스의 그림에 떨어지고 흩어진 노란 별무늬로 표현된 날개, '이카로스의 날개'라 부릅니다. 지나친 과욕을 경계하라는 상징적 용어로 인용됩니다. 《주역》에도 이와 비슷한 문장이 있습니다. 항룡유회亢龍有悔, '끝까지 올라간 용은 후회한다.'는 뜻입니다. 적절히 멈출 줄 알고 적당히 만족할 줄 알라는 것이겠죠.

옳은 말입니다. 마음에 새겨놓음 직한 격언입니다. 그러나 적절히, 적당히…, 도대체 얼마만큼이 적절하고 적당한 거죠? 평안하고 완만했던 시기, 그런 시절에는 적절히 적당히 조절하는 것이 가능했습니다. 자전거를 타고 평지를 달리며, 경치도 즐기고 물도 마시며 음악도 듣고, 때론 전화도 받습니다. 완만한 경사의 슬로프에서는 멋지게 8자를 그리며 폼 나게 스키를 탑니다. 그러나 급경사의

이카루스, 앙리 마티스

내리막길에서는 그럴 여유가 없습니다. 그저 달려야죠. 넘어지지 않고 서 있으려면 무조건 달려야 합니다. 그런 순간, 조절하고 조정하는 방법은 오직 중심을 잡고 전진하는 것뿐입니다.

부와 권력이 허망하다지만, 그 실체가 허상이라는 이야기는 아닙니다. 오히려 부와 권력으로 채울 수 있는 실상은 가득하고 그득한 게 현실입니다. 마치 바닷물처럼 마시면 마실수록 더 목마른 것, 그것이 부와 권력의 본질이니 끝이 없습니다. 범인의 생각에는 의아합니다. 이렇게 돈이 많으면서, 그렇게 힘이 세면서, 왜 저렇게까지 욕심을 부릴까? 우리 같은 평인의 눈에만 이카로스의 날개와 후회하는 용이 보일까? 왜 그들은 저렇게까지 부와 권력에 눈이 어두워졌을까?

부와 권력에 대한 욕심이 끝이 없다고 일갈하기보다는, 부와 권력 자체가 끝이 없다는 것을 알아야 합니다. 어느 정도의 부와 권력이 쌓이면 더 많은 기회가 펼쳐집니다. 종잣돈이나 모으는 범인과 평인은 상상할 수 없는 상황이죠. 그 기회와 상황이 속도를 높여주고 급경사를 만듭니다. 그러면서 기하급수적인 성장을 만들어냅니다. 1, 2, 4, … 10, 100, 1000, 1만 … 이렇게요. 이미 알고 있겠죠? 지금 세상의 변화의 양상은 절대 평안하지도 완만하지도 않습니다. 이카로스와 항룡유회는 우리를 제치고 저만치 달려 나가는,

그리하여 계속계속 하늘 높이 올라가는 부자와 권력자들이 한 번씩 뒤돌아보며 우리에게 외치는 격언이라는 것을요.

이 시대의 표상,
기하급수

또 있습니다. 어쩌면 부와 권력보다 더 근본적인 것이라 할 수 있습니다. 한때는 부와 권력을 얻기 위해서라도 꼭 필요한 것이었습니다. 그래서 근본적이라 한 거죠. '지식'입니다. 세상에 태어나 학교를 다니고 공부를 하고, 이를 통해 부와 권력의 등용문으로 나아갑니다. 부존자원이 적고 땅덩어리가 좁은 개발도상국에서 태어났으니, 열심히 공부해서 좋은 대학 가고 좋은 직장 구하는 것이 신분상승의 유일한 통로였을 때가 있었습니다. 물론 아직도 그렇게만 생각하는 기성세대가 없는 것은 아니지만요.

그러나 저는 고백할 수밖에 없습니다. 평생 직업이라고는 대학교수만 해본 사람이 할 얘기는 아니지만, 지식이 부와 권력의 원천이라고 하기에는 뭔가 허전한 시대가 되었습니다. 지식을 습득하는 방식이 예전과 다르고, 무엇보다도 지식이라는 것 자체가 이전과 너무 다르기 때문입니다. 책과 활자 정보 외에도 너무 다양한 지식 콘텐츠를 너무나 다양한 방식으로 학습할 수 있습니다.

지식의 학습에 더 이상의 '정석'과 '왕도'는 없습니다. 차분히 책상에 앉아 꾸준히 공부하고 착실히 지식을 축적하는 그런 형설지공의 풍경이 낯선 시대입니다. 지식으로 부와 권력을 애써서 얻기보다는, 부와 권력으로 지식을 수월하게 얻는 시대가 되었다는 겁니다. 지식이 있으면 부와 권력의 문턱에 겨우겨우 도달할 수 있지만, 부와 권력이 있으면 지식의 중심에 떡하니 가뿐하게 들어설 수 있으니까요.

지식으로 부와 권력의 맛을 봅니다. 그렇게 부와 권력이 얻어지면, 그 부와 권력으로 훨씬 쉽게, 훨씬 많은 지식을 소화할 수 있습니다. 그리고 그 지식으로 다시 더 많은 부와 권력의 진수성찬을 만들어냅니다. 어떤가요. 알아챘겠죠? 지식의 법칙도 부와 권력의 법칙과 그리 다르지 않다는 것을. 초연결의 시대에서는 지식의 법칙도 1, 2, 3, 4…가 아닙니다. 지식도 기하급수의 시대를 표상하는 대표주자라는 것을 명심해야 합니다.

학교에서는 기본을, 기본만을 가르칩니다. 선생님은 기본기에 전념하라 합니다. 일신우일신日新又日新, 날마다 조금씩 조금씩 기본과 기본기를 배우라 하죠. 하지만 기본은 기본일 뿐입니다. 사실 요즘 세상에서는 기본이 무엇인지도 헷갈리지만요. 기본에 머물고 기본기에 매몰되기에는 세상의 변화, 변화하는 지식, 지식의 신세계, 신세계인 세상에 대응할 수 없습니다.

그럼에도 불구하고 누군가 여러분에게 기본을 운운하고 형설지공과 일신우일신을 강조한다면, 그 누군가를 다시 한 번 쳐다보아야 합니다. 대부분의 경우 그 누군가는 산업시대에서 근면의 결실을 맛본, 그래서 구시대의 성공의 결과를 향유한 사람들이겠죠. 당연히 존중받아 마땅한 사람들이지만, 이제 그 사람들의 훈계까지 존중할 필요는 없습니다. 이제는 그런 시대가 아니니까요.

그리고 또, 여기에도 일부, 아주 일부 지식인의 선하지 못한 의도가 감지됩니다. 지식을 독점해서 지식인의 자리와 지식인으로서 얻을 수 있는 최소한의 부와 권력을 지키려는 의도겠죠. 더 이상 그들의 말을 귀담아 들을 필요는 없습니다. 그들에게 어울리는 표현은 지식인이 아니라 지식독점자니까요.

다 좋지만,
다 좋을 수만은 없는

생각을 바꾸어야 합니다. 발상을 전환해야 합니다. 여러분이 믿고 있는 적지 않은 얘기들을 더 이상은 믿지 않아야 합니다. 지금까지 없던 세상 아닙니까. 지금까지 없던 세상은 지금까지 있던 곳에서는 보이지 않습니다. 지구가 자전하며 돌아간다는 사실은 결코 지구에서는 볼 수 없잖아요.

'패러다임 쉬프트'라 하죠. 패러다임 쉬프트라는 용어를 만들어 퍼트린 미국의 철학자 토마스 쿤Thomas Kuhn은 강조했습니다. 세상의 사실과 자료는 그 사실과 자료를 생성해낸 그 시대의 관점에서 가치를 평가해야 한다고. 세상이 바뀌면 관점도 바뀌어야 합니다. 지금은 지금의 관점으로 보아야 합니다. 새로운 시대에 새로운 관점을 갖지 못하고, 왜 자꾸 구시대의 방식과 생각에 집착하는지 답답한 심정입니다.

티끌을 모으라고, 밀알이 되라고, 기본에 머물라고 합니다. 지당한 말씀입니다. 티끌, 밀알, 기본, 다 중요합니다. 중요한 것을 중요하지 않다고 말하는 것이 아닙니다. 단지 중요하다고 하는 그것들만으로는 안 된다는 것입니다. 중요한 것들 외에 더 중요한 것들이 있다고, 그것들을 알아야 하고 그러기 위해 생각과 방법을 바꾸어보자고 힘주어 말하는 것입니다. 구시대의 법칙을 그대로 받아들이지 말고 너무 당연히 좋지도 말라고, 새로운 세상이니 새로운 생각과 방법을 가져보자고 말하는 것입니다. 지금은 티끌 모아 태산이 될 수 없는, 밀알이 되는 사회의식이 사회의 발전에 공헌할 수 없는, 기본기로는 넘쳐나는 지식을 수용할 수 없는, 바로 그런 세상이니까요.

안분安分하고 자족自足하는 삶, 마음으로라도 그렇게 살고 싶다는 마음은 이해합니다. 물론 저 또한 그리 살고자 마음먹는 순간이 자주 있습니다. '남이 저만치 앞서가도 그 뒷모습을 보며 그냥 웃고, 남의 출세와 야망을 위해 휘둘리게 되어도 마냥 웃어야지. 그래야지. 지는 게 이기는 거다.' 하면서 웃어넘기려 마음 다잡는 때가 없는 것은 아닙니다. 포기하는 연습, 무소유 정신, 느리게 걷기, 아날로그 삶…. 다 좋은 얘기이고 좋은 말입니다. 다 좋지만…, 다 좋지만, 다 좋을 수만은 없었습니다.

그래서 이 책을 썼습니다. 정말 다 받아들이고 다 좋기는 어렵기 때문입니다. 안빈낙도의 삶이 다 좋을 수 없다는 가정에서, 한 번씩 불끈하는 마음을 느끼는 우리가 대다수의 '우리'이고 대부분의 '나'의 모습이기 때문에 이 책을 썼습니다. 다소 현실적이고 냉정하게 들리겠지만, 이상적이고 온화하며 수려하고 거룩한 내용은 이미 많이 봐오지 않았나요? 티끌, 밀알, 기본을 강조한 훌륭한 책, 훌륭한 글귀는 충분합니다. 굳이 저까지 그럴 필요는 없지 않을까요. 그래서 이 책을 썼습니다.

부와 권력, 그리고 지식의 위대한 도약

'볼레로'라는 음악 들어보았죠? 장담컨대 들어보았을 겁니다. 클래식 음악 중에서도 단연 우리 귀에 익숙한 음악이자 리듬입니다. 모리스 라벨Maurice Ravel의 '볼레로'에는, 반복적인 리듬 위로 흐르는 주제 역시 돌고 돕니다. 작은 북으로 시작하여 비올라와 첼로, 결말에는 관현악 총주까지. 반복되는 선율이 진행되며 새로운 악기가 계속 추가되고, 추가되는 악기들로 음량도 계속 부풀려집니다. 악기의 구성과 음량의 변화만 있을 뿐 동일한 리듬, 주제, 선율이 지속적으로 반복되죠. 이러한 단조로운 반복이 묘한 긴장감을 자아내며 궁극에는 카타르시스까지 느끼게 하는 독특한 형식의 명곡입니다.

반복의 힘은 막강합니다. 반복의 리듬으로 빠져듭니다. '볼레로'를 듣다 보면 하나둘씩 다른 상념이 사라지고, 작곡가가 전달하려는 악상이나 우리 스스로가 떠올리는 감상에 젖어들게 되죠. 마치 뭔가를 매일매일 계속적으로 듣다 보면 결국은 받아들이게 되는 것처럼요. 반복의 중독이라고나 할까요.

우리가 원하든 원하지 않든, 반복되는 일상과 반복되어 익숙해진 발상을 뛰어넘기는 쉽지 않습니다. 어느 순간 '확' 뛰쳐나오고 튀어나와야 할 텐데요. 반복이, 그 반복으로 생성된 중독이, 그 중독으로 각인된 세뇌가, 만일 누군가의 저의에 의한 것이라면 더욱 '확' 빠져나오기는 어렵습니다.

'볼레로'가 반복과 중독의 클래식이라면 재즈에도 반복과 중독에 둘째가라면 서러워할 곡이 있습니다. 팻 메시니Pat Metheny의 '아 유 고잉 위드 미Are you going with me?'죠. 오랜 기간에 걸쳐 규정된 관습과 사상에 근거하여 누군가가 '지금까지처럼, 처음처럼 함께 가자. 쭉 같이 가자.'라고 속삭인다면 뿌리치기 어렵지 않겠습니까. 일단 들어보세요. '아 유 고잉 위드 미?' 아니면 '볼레로'라도 다시 들어보기를 바랍니다.

그러나 뛰어야 합니다. 뛰어 나와야 합니다. 그간 반복된 고정관념에 고정되지 말고 중독되지 말아야 합니다. 변화해야 할 때 변해야 합니다. 그렇다면 어떻게 해야 할까요? 변해야 한다는 사실을 저와 함께 다시 한 번 인식했다면, 이젠 마음을 먹어야 합니다. 변화하려면 무엇보다 먼저 변하겠다는 마음을 먹는 것이 우선입니다. 눈으로 스쳐보지 말고, 귀로 흘려듣지 말고, 입으로 되뇌고 곱씹어, 마음 깊이 들이밀어 넣어야 합니다. 오랜 기간 자리 잡고 똬리 틀고 들어차 있는 이론과 원칙을 밀어내어야 하니까요.

다른 생각은 하지 말고
그냥 점프

그리고 다음은 당연히 실천입니다. 주저 없이 행동에 옮겨야겠죠. '5초의 법칙'이라고들 합니다. 무언가 실천할 때 다른 생각은 하지 말고 딱 5초만 세고 머뭇거림 없이 실천하라는 얘기입니다. 사실 대단스럽게 '법칙'까지 들먹일 필요 없는 일상의 지혜입니다. 피곤한데 날씨까지 추우면 아침에 잠자리에서 일어나기가 어렵습니다. 이런저런 생각, '5분만 더, 10분만 더'가 아니고 그냥 '하나, 둘, 셋 하고 일어나자.' 그렇게들 많이 하잖아요.

여기서 '5초'냐 '하나, 둘, 셋'이냐가 중요한 건 아닙니다. '그냥'이고 '다른 생각은 하지 말고'가 포인트겠죠. 생각이 많아지면 그간의 타성이 스멀스멀 스며듭니다. 현재의 익숙함이나 실패의 두려움이 끼어들고, 자꾸 타협하려고 하는 인간의 본성이 미처 힘을 발휘하기 전에 실행에 옮기라는 거죠. 번지점프를 할 때 그냥 다른 생각하지 말고 점프해야 하는 것처럼 말입니다.

점프. 점프는 그저 한 발 내딛는 것이 아닙니다. 높은 절벽에서, 빌딩에서 뛰어내리는 것입니다. 정해진 철로에서, 달리는 기차에서 뛰쳐나오는 것입니다. 알게 모르게 마음에 박힌 사고에서, 몸에 베인 관습에서 튀어나오는 것입니다. 현재의 익숙함과 실패의 두려움을 떨쳐내는 것입니다. 점프하기 전에는 절벽에서, 빌딩에서, 철로에서, 기차에서 머뭇거리지만, 점프한 후에는 미지의 하늘을 날고 새로운 신천지에 서게 됩니다. 점프하기 전과 후는 엄청나게 다른 입장과 상황이겠죠.

의아해할 수 있습니다. 도대체 왜 점프해야 하냐고. 지금도 안전하고 안정한데, 왜 굳이 점프를 해야 하느냐고. 그리 의아해한다면, 아, 지금까지 제 얘기가 와 닿지 않았나 봅니다. 지금은 변해야 할 때이고, 이전과는 정말 다르고, 새로운 생각과 방법이 필요할 때라는 얘기. 그것도 지금 당장 그러하다는 얘기. 지금 세상을 살아가는 우리네 인생은 직선도 아니고, 점진적으로 흐르지도 않는다는, 성장은 어느 날 문득 이루어지며 그 발전의 양상은 기하급수적이라는 얘기. 그러니 세상에서 소중한, 아니면 적어도 현실적으로 소중하다고 인정하며 받아들여야 할 부와 권력, 그리고 지식, 이런 것들에 관한 모든 상식과 방식도 그에 맞추어 바뀌어야 한다는 얘기. 결국 그에 부응하려면 한 걸음 한 걸음이 아닌 점프를 해야 한다는 얘기. 이런 얘기가 아직은 미덥지 않은 모양입니다.

그렇다면 조금만 더 들어보기 바랍니다. 우리의 확고한 신념과 여러분의 요지부동 학식에 뿌리 깊이 내린 것들이 어떻게 뿌리째 흔들리고 있는지를.

아름답지만
충격적인

한 저명한 물리학 잡지가 꼽은 역사상 가장 아름다운 실험 1위는 총알을 벽면에 난사하는 것이었습니다. 그런데 총구와 벽면 사이에는 그 사이를 가로막은 두꺼운 담이 있는데, 거기에는 2개의 틈이 세로로 길게 뚫려 있습니다. 물론 그 틈으로 총알이 지나갈 수 있고요. 총을 발사합니다. 수많은 총알이 담에 막히기도 하고, 틈을 통해 벽면에 도달해 총탄자국을 만듭니다. 글쎄요. 왜 그런 실험을 했는지, 그게 왜 아름답다고 했는지 궁금하죠?

수백 수천 발을 발사한 후 벽면의 총탄자국을 살펴보았습니다. 어떤 모양으로 총탄자국이 생겼는지 살펴보고자 했습니다. 왜 살펴보냐고요? 너무 뻔하지 않을까요? 세로로 길게 틈이 난 가로막은 담 모양처럼, 그 담의 틈 모양처럼, 당연히 2줄의 총탄자국들이 벽면에 생기지 않았을까요?

결과는 아름답다기보다는 충격적이었습니다. 도저히 우리의 상식으로는 설명할 수 없는 것이었습니다. 벽면의 총탄자국은 2줄이 아닌 여러 줄이었습니다. 총알이라고 하는 물질이 총구에서 나와 날아가서 담의 틈을 지나 벽면에 박힌다면, 그 총알의 비행이 직선

역사상 가장 아름다운 실험

이고 연속적이라면 너무나도 당연하고 빤하게 틈과 같은 모양으로 2줄의 자국이 생겨야 하는 것이 아닌가요?

'물리物理'라는 것은 모든 사물의 이치이고 '역학力學'은 물질이 움직이는 원리이니, 이들은 우리가 살아가는 세계에 대한 가장 근본적인 사실에 관한 상식이자 믿음입니다. 그런데 뉴턴의 고전물리학에서부터 이를 확장한 아인슈타인의 일반상대성이론를 비웃으며 등장한 새로운 물리학, 전혀 새로운 역학이론이 있습니다. 물질의 입자가 연속적으로 흘러가지 않고 마치 귀신처럼 한 지점에서 다른 지점으로 순간이동을 하는 행태가 가능하다는 이론입니다. 이름 하여 '양자역학quantum mechanics.' 우리의 그간의 상식, 신념, 학식을 송두리째 흔드는, 아직도 우리가 진정으로 이 세상과 사물을 다 알지 못한다고 충고하는 물리학 아닌 물리학입니다.

양자역학은 세상의 흐름의 연속성을 반대하는 개념입니다. 양자라는 단어도 '덩어리'를 뜻하는 독일어 '퀀텀quantum'을 번역한 것으로 '불연속적인 덩어리의 흐름'이라는 뜻에서 유래합니다. 그러니 원래대로라면 '덩어리역학'이 더 맞는 용어겠네요. 아무튼 양자역학은 현대물리학의 중추가 됩니다. 이 이해조차, 설명조차 어려운 학문으로 현대과학기술이 완성되었다 해도 과언이 아닙니다. 반도체의 원리, 레이저의 작동, DNA의 구조와 기능, 빛의 색깔… 등을 모두 양자역학으로만 해명할 수 있으니, 전자공학의 기초이자 컴퓨터 발전의 최고 공신인 셈이죠.

'퀀텀'이라는 임팩트 있는 용어가 주는 시사점을 한 번 더 되뇌기를 바랍니다. 지금까지 우리가 알고 있는 통념이 더 이상 통하지 않을 수 있다는 점, 그 점을 되새기기를 바랍니다. 그래서 점프를 해야 합니다. '퀀텀점프'를. 생각과 사고, 방법과 행동에 있어 엄청난 점프를 해야 할 때입니다. 세상이 그렇고, 그런 세상을 살아가는 우리이니, 우리가 해야 할 일은 퀀텀점프입니다. 연속적으로, 점진적으로, 일상적으로, 상식적으로 한 걸음 한 걸음 나아갈 때가 아닙니다. 확연이 다른 점프로 위대한 도약, 즉 '퀀텀리프quantum leap'를 이루어야 할 때인 것입니다.

피츠제럴드F. Scott Fitzgerald는 그의 위대한 소설 《위대한 개츠비》의 첫 부분에서 개츠비에게 '위대한'이란 수식어를 붙인 이유를 분명히 밝힙니다. '삶의 경이로움을 느낄 줄 아는 능력'이 있기 때문이라고. 일상의 상식과 구태의 의연함을 떨쳐내고 경이로운 변화를 체감하고 경이로운 발상을 체득하며 경이로운 발전을 체험하는, 그러한 도약이 위대한 도약입니다. '퀀텀리프'입니다.

당신의
위대한 도약

이 책은 '부와 권력, 그리고 지식'에 대한 책입니다. 정확히는 '새로운 세상의 새로운 부와 권력, 그리고 지식'에 관한 내용입니다. 더욱 정확히는 '새로운 부와 권력, 지식을 어떻게 얻고 획득하고 움켜쥘 수 있는가?'에 관한 책입니다. 정말 더욱 정확하고 엄밀하게는 '어떻게 하면 부와 권력, 그리고 지식의 위대한 도약을 이룰 것인가?'에 대한 내용입니다.

– 새로운 부란 무엇인가? 과연 어떻게 부의 도약을 이룰 것인가?

– 새로운 권력이란 무엇인가? 과연 어떻게 권력의 도약을 이룰 것인가?

– 새로운 지식이란 무엇인가? 과연 어떻게 지식의 도약을 이룰 것인가?

부와 권력. 아주 현실적인 것들이죠. 지식도 그렇습니다. 얼핏 우아하게 들리지만 현세에서 지식은 부와 권력의 시작이자 끝입니다. 부와 권력이 지식의 시작이자 끝이라 해도 틀린 말이 아니고요. 부, 권력, 지식, 이들로 성취되는 돈과 명예가 너무 현실적인 것들이라는 생각에 거리낌이 찾아드나요? 솔직히 돈과 명예는 우리 모두에게 중요합니다. 중요한 만큼 현실적이죠. 지나치게 현실과 밀접하다 보니 우리네 삶에서 많은 선과 악을 배출합니다. 선과 악의 구분도 모호하게 만드는 지극히 현실적인 속성도 지니고 있고요.

그래도 그렇다고요? 그것도 대학교수가 할 얘기는 아니라고요? 말했잖아요. '이런 걸 왜 학교에서는 알려주지 않았을까?', '이런 걸 왜 어른들은, 선배들은 말해주지 않았을까?' 하고 생각했다고요. 그래서 냉정한 현실에 대하여 얘기하겠다고요.

양해를 구할 것은 따로 있습니다. "이렇게 잘 알면서 왜 부와 권력과 지식, 아니면 돈과 명예를 얻지 못했냐?"라고 저에게 물을 수 있겠지요. 이점 양해 바랍니다. 그저 구시대에 자라고, 배우고, 일해온 지식인의 한계 정도로 생각해주기를 부탁드립니다.

성장소설로 독일문학에 《데미안》이 있다면 미국문학에는 《호밀밭의 파수꾼》이 있습니다. 오랫동안 눈길을 붙잡는 문장이 《호밀밭의 파수꾼》에도 있는데, "미성숙한 사람의 특성은 대의를 위해 고결하게 죽기 원한다는 것이고, 성숙한 사람의 특성은 대의를 위해 겸허하게 살기를 원한다는 것이다."입니다.

과연 대의란 무엇인가요? 과연 선과 악이 무엇인가요? 절대 선과 절대 악이 아닌 다음에야 선과 악의 구분이 모호합니다. 부와 권력은 선인가요, 악인가요? 돈과 명예에 이르는 길은 선인가요, 악인가요? 레드 제플린Led Zeppelin의 명곡 '천국으로 가는 계단Stairway to Heaven'과 또 다른 색깔의 록의 명곡 AC/DC의 '지옥으로 가는 고속도로Highway to Hell'를 들어보세요. 부와 권력, 그리고 지식으로 가는 길은 계단인가요, 고속도로인가요? 선한 길이면 꼭 계단이어야 하나요? 고속도로는 없나요?

《데미안》에서 알에서 깨어난 새는 신에게로 날아갑니다. 그 신의 이름은 아브락사스Abraxas. 신성과 마성, 선과 악이 혼재되어 있는 신비로운 신입니다. 성장이라는 것도, 우리가 성숙해지는 것도, 어쩌면 선과 악의 양면적인 모습을 겸허하게 받아들이는 걸 의미하는 게 아닐까요? 지금까지 없던 세상, 전혀 다른 세계에서 새로운 부와 권력, 그리고 지식에 대하여, 돈과 명예에 대하여, 혹여 고결한 선과 악의 잣대를 들이대지 않을까 하는 노파심이었습니다.

그저 기우이고 노파심이었기를 바라며. 점프! 퀀텀점프, 퀀텀리프 하기를 기원합니다. 여러분의 부와 권력, 그리고 지식의 엄청난 도약, 위대한 도약을 위해서.

2

부의
퀀텀리프

부의 실체
- 욕망의 자유

한 번씩 보면 웃음이 절로 나옵니다. 젊은 시절 한껏 멋 낸 모습의 사진들 말입니다. 왜 이리 촌스러운지. 양복만 해도 어깨와 바지통이 넓어지다가 어느새 좁아지다 못해 몸에 꽉 끼는 것이 패션입니다. 코트나 패딩점퍼도 짧아졌다 길어지기를 반복합니다.

10여 년 전에, 대중과 매스미디어에서 금기시했던 노란색을 전면에 들고 나왔던 정당, 신문, 은행이 있었습니다. 요즘 매일 보는 메신저도 노란색이고요. 처음엔 어색했었습니다. 그러나 세상의 이치는 그 어색함을 가만히 두지 않습니다. 어색함이 익숙함으로 바뀌기 무섭게 참신함은 진부함으로 다가옵니다. 머리가 길든 짧든, 양복 바지통이 넓든 좁든, 코트가 길든 짧든, 노란색을 쓰든 말든, 현상은 그 모습 그대로입니다. 현상에 대해 느끼는 우리의 인상이 변덕스러운 게죠.

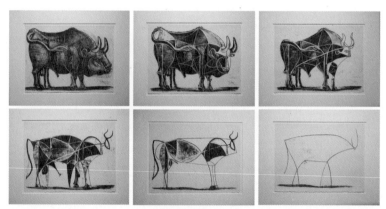

황소 연작(일부), 피카소

흰 소, 이중섭

그래서 본질, 본질 하나 봅니다. 세상의 유행과 트렌드, 우리의 인상과 인식의 변덕스러움을 극복하고자 본질을 탐구하나 봅니다. 피카소가 추상화를 그리는 과정을 단적으로 보여주는 '황소 연작 Bull Series'은 11점의 소 그림입니다. 사실 소 11마리의 그림이 아니라 소 1마리의 11가지 모습이죠. 실물과 같은 황소의 모습에서 구체적 특성을 조금씩 지워나가 골격이 단순화되는 양상을 담고 있습니다. 피카소가 가진 황소에 대한 본질적 시각을 보여주는 셈이네요. 아, 이중섭이 그린 소 그림들도 화가가 가진 본질에 대한 시각을 보여주는군요.

본질을 귀로 체험하는 방법도 있습니다. 바흐는 '푸가의 기법Art of Fugue'의 연주방식을 구체적으로 지정하지 않았습니다. 건반악기 하나로도 연주하고, 현악 4중주나 오케스트라로 확장해도 무방합니다. 어떠한 방식이든 여러 번 들으면 체감할 수 있죠. 악보의 뼈대를, 그리고 음악가가 표현하고자 하는 악상의 본질을.

위대한 예술이 본질에 대한 탐구에 도움을 주듯이, 본질에 대한 탐구는 본질에 더해진 변형을 탐색하는 데 도움을 줍니다. 무언가의 본질, 즉 무언가의 근본이 되는 성질, 원형이 되는 모습을 알면 부가적이고 일시적인 것들을 본질로부터 구분할 수 있겠지요. 변화의 소용돌이에서도 중심을 잡을 수 있는 사고의 자유까지도 기대할 수 있을 것입니다.

이제 부에 대해서 생각해볼 시간입니다. 너무도 현실적이어서 한껏 다양하고, 너무나도 세속적이어서 성껏 변모하는 부의 본질, 부의 실체에 대해서 말입니다.

부의 표상은 단연코 돈입니다. 모두가 좋아하는 돈. 그러나 모두가 좋아한다고 말하기를 꺼리는 돈입니다. 마치 누구나 부자가 되기를 원하지만, 누구나 부자를 험담한 경험이 있는 것처럼요. 이중성이죠. 물론 돈은 아무 생각이 없습니다. 그 돈을 쳐다보는 우리의 인식과 태도가 이중적이고 양면적인 것이죠.

그러나 돈이 많은 사람들은 개의치 않습니다. 돈의 이중성이나 돈을 바라보는 사람들의 이중적인 잣대를 신경 쓰지 않습니다. 진정한 부자는 돈 자랑을 하지 않듯이, 돈의 이중성도 운운하지 않습니다. 그러한 표리부동함에 신경 끄고 삽니다. 그들은 돈의 가치에 대해 확고합니다. 돈이 힘이고 능력임에 토 달지 않습니다. 사회주의 사상이 농후한 독일에서도 힘과 능력을 의미하는 단어 'Vermögen'을 큰 재산과 부를 표현하는 데 사용한다 하네요. 돈의 이중성에 번민하는 가난한 아빠가 '돈을 좋아하는 것이 악의 근원'이라며 위안 삼지만, 부자 아빠는 '돈이 부족한 것이 악의 근원'이라 일축하지 않습니까? 로버트 기요사키의 《부자 아빠, 가난한 아빠》의 통렬한 지적이죠.

"세상이 '신을 위하여'에서 '돈을 위하여'로 바뀌었다."고 니체Frie-drich Wilhelm Nietzsche는 개탄했지만, 부자는 '돈은 신과도 통한다.'는 '전가통신錢可通神'을 받아들이며 '신과 함께'가 '돈과 함께'로 바뀐 것을 개탄하지 않습니다.

"조소는 범인들이 천재들에게 보내는 찬사이다."

재치 있는 입담으로 유명한 오스카 와일드Oscar Wilde가 한 말입니다. 부자는 부자가 아닌 사람들이 자신에게 보내는 조소를 웃어 넘깁니다. 부에 대한 솔직한 태도로 부와 돈의 가치를 담백하게 인정하기 때문입니다. 돈을 부정한 방법으로 모으거나 부당한 방식으로 쓰는 것이 문제지, 돈 자체나 돈이 많은 부자 그 자체가 문제는 아니라는 것을 누구보다도 뼛속 깊이 알고 있기 때문입니다.

돈에도
철학이

부의 본질이 뭘까요? 파악하기가 녹록지 않습니다. 그 이유는 우리와 사회에 만연한 돈과 부에 대한 이중적인 태도 때문만이 아닙니다. 돈의 실체에 대한 인식에도 양면성이 흠뻑 젖어 있습니다.

유독 돈에 대한 집요한 사유로 명망 있는 철학자의 반열에 오른 게오르그 짐멜Georg Simmel은, 수단과 목적이라는 돈의 2가지 얼굴에 대해 말합니다. "돈은 훌륭한 하인이자 사악한 주인이다."라는 얘기가 있죠. '수단으로서의 돈'과 '목적으로서의 돈'을 구별하자는 얘기입니다. 하지만 짐멜의 이야기는 이런 흔한 것이 아닙니다. 보편적인 인간이 과연 어떤 상태에서 돈을 목적으로 삼고, 어떤 경우에 수단으로 삼는지 설명한 것이죠.

짐멜은, 돈이 여러 목적을 달성할 수 있는 수단으로서의 색채가 강하지만 결핍된 상태에서 인간은 돈에 대한 무조건적인 욕구가 발생하고, 심지어 돈에 강력한 감정을 부여한다고 지적합니다. 이런 경우에는 돈이 1차적으로 추구해야 할 목표 혹은 목적이 되어 우리의 의식을 지배한다고 강조합니다. 일정한 양의 돈이 충족되어 결핍된 상태를 벗어났다고 판단하는 그 시점에서부터 돈은 목적이 아닌 수단의 용도로 전환된다는 주장이죠.

우리가 추구해야 할 무엇을 '질'로, 추구해야 할 무엇을 위한 것을 '양'으로 지목할 수 있다면, 목적과 수단을 질과 양으로 차명하는 것이 가능해집니다. 그렇다면 "돈의 양은 곧 질이다."라는, 얼핏 쉽지 않은 짐멜의 명제를 수긍할 수도 있겠네요.

인간이라면 누구나 상태와 상황에 따라 돈이 '목적'이 되기도 하고 '수단'이 되기도 합니다. 그 사람이 선하건 악하건, 후하건 인색하건 관계없어요. 단지 몹시 인색한 구두쇠는 결핍상태에서 벗어나게 하는 돈의 양에 대한 임계치가 무지 높은 사람입니다. 주변에서 간혹 볼 수 있죠? 웬만큼 많은 양의 돈을 소유하고 있어도 적은 돈에 벌벌 떠는 사람이요. 그에게는 아직도 돈이 '목적'이라서 그렇습니다.

반대의 경우도 있습니다. 간혹 뉴스에서 들리는 어이없는 레퍼토리 중 하나는 엄청난 고소득자의 몰락입니다. 천문학적 액수의 복권당첨자가 수년 만에 빈털터리가 되었다든지, 수십억의 수입으로 풍족했던 유명 배우나 스포츠스타가 파산신청을 했다든지 하는 그런 뉴스 말입니다. 어쩌다가 그리 되었을까요? 그러한 벼락부자들은 '목적'에서 '수단'으로 변모하는 임계치가 낮아서 그런 비극을 맞이한 것입니다. 돈의 결핍상태를 벗어나는, 즉 목적에서 수단으로

전이되는 돈의 양이, 구두쇠와는 반대로 임계치가 현저히 낮다는 의미이죠. 일정 양의 돈을 획득하는 데 필요한 노력과 에너지가 적을수록, 획득된 돈에 대한 애착이 줄고 그만큼 집착도 줄어듭니다. 호인이 아니더라도 주변 사람을 돕고, 기부를 하고, 호탕하지 않더라도 고가의 물건을 매집합니다. 쉽게 돈이 들어와 쉽게 부자가 되었으니, 아까운 줄 모르고 너무 쉽게 목적으로서의 돈의 '질'을 포기한 것이죠.

이타심보다
이기심

이렇듯 돈에 대한 우리의 태도와 인식은 갈피를 잡기가 어렵습니다. 어떠세요? 적어도 여러분 자신은 아니라고 장담할 수 있나요? 과도하게 장담하지 않는다면 계속 가보죠.

돈의 실체를 확대하여 부의 실체를 파악하고자 한다면 혼란과 혼선은 그치지 않을 겁니다. 그렇다면 할 수 있는 방법은 부와 돈을 구별하는 것이죠. 맞습니다. 부와 돈은 동의어가 아닙니다. 돈은 부의 일부분인 금융자산을 뜻하기도 하고, 부의 상당 부분에 대한 척도이기도 합니다. 하지만 전체도 아니고 본질도 아닙니다.

확실히 앨빈 토플러Alvin Toffler는 다른 미래학자들과 다릅니다. 학문적인 논리나 기술적인 지식으로 중무장되어 있지는 않아도, 미래학자의 생명과도 같은 미래를 보는 식견이 뛰어납니다. 코앞에 닥친 미래, 아니면 이미 현재가 되어버린 미래를 적당히 해석하는 수준을 넘어, 먼발치의 미래를 예견하고 미래상을 제안하기도 합니다. 미래학의 지평을 연 이 미래학자는 《부의 미래》에서 부를 '욕망의 소산'이라 정의합니다. 인간은 다양한 욕구를 채우기 위해 부가 필요하고, 욕구를 만족시키기 위해 부를 추구합니다. 앞에서 얘기했듯이, 종종 부와 돈이 욕구의 수단을 넘어서 욕구 자체가 되는 금

전욕도 있지만요.

부를 욕망과 연관시키는 논리는 이미 팽배합니다. 일부 종교와 금욕주의에서는 인간의 욕망에 멍에를 씌웁니다. 인간의 본연적인 욕구를 절제하라고 훈계한다면 당연히 부와 돈에 대한 욕망도 부정적인 시선으로 바라보겠지요. 이러한 부에 부정적인 족쇄를 풀어준 것은 현대 자본주의의 뿌리라 할 수 있는 신교도들의 프로테스탄트 윤리입니다. 이들은 근검과 성실을 강조합니다. 우리가 열심히 살고 노력하면 절대자 하나님이 우리의 욕망을 채우도록 도와줄 것이라 설파합니다. 인간의 욕망을 수긍해주었으니 인간 세상의 현실에 좀 더 근접한 윤리이자 종교인 셈이죠.

애덤 스미스를 또 얘기하게 되는데, 놀라운 것은 현대 경제학의 금자탑을 쌓은 그가 원래 경제학자가 아니고 도덕철학자라는 사실입니다. "인간이 가장 원하는 것은 다른 사람들의 존경과 우대를 받는 것이고, 가장 싫어하는 것은 무시와 경멸을 당하는 것이다. 인간은 지혜와 덕이 아니라 부와 권세를 가진 사람을 존경하고 가난하고 힘 없는 사람을 업신여기기 때문에 인간은 부와 권세를 얻으려는 것이다." 이러한 그의 생각이 근대 자본주의의 시발을 알리는 저서 《국부론》으로 이끕니다. 애덤 스미스는 인간이 욕망의 존재임을 인정했고, 《국부론》은 인간이 이기적인 존재임을 전제하여 쓴 책입니다.

우리가 정녕 선천적으로 이기적이어서 그런 건지, 아니면 그의 사상에 심취해 이기적으로 바뀐 건지는 모르겠지만, 현대사회는 자본주의 사회여서 욕망이 인정되고 부가 존중받습니다. 인간은 이기심과 이타심을 둘 다 갖고 있지만, 이기심을 전제한 《국부론》이 이타심을 전제한 칼 마르크스의 《자본론》에게 한판승을 거둔 것만 보아도, 이타심보다는 이기심이 더 깊고 진하지 않은가 싶습니다.

욕망과
자유

부의 실체와 본질은 인간의 욕망 언저리에 있습니다. 아니, 인간의 욕망 깊숙한 어딘가에 부의 본질이 있다고 표현하는 게 더 적합하겠군요. 부는 돈이 아니며, 돈은 그저 돈일 뿐입니다. 부의 실체를 만지작거리고, 부의 실존인 돈으로 부의 도약을 만들어내려면 어떻게 해야 할까요? 결국 돈이 아닌 인간 스스로에게서 부의 본질을 찾아야 합니다. 부와 돈의 이중성, 양면성, 그리고 상대성, 이 모든 것들을 이해할 수 있는 방법을 우리 스스로에게서 찾을 수 있습니다.

부를 얻고자 하는 욕망, 부를 얻었다고 만족하는 욕망의 기준은 결국 우리 인간의 문제입니다. 눈앞의 돈을 마냥 쳐다보지만 말고, 저만치의 부자를 그냥 바라보지만 말고, 스스로의 생각을 다시금 정비해보는 것부터 시작해야 하지 않을까요? 더불어 우리와 똑같은 바람으로 똘똘 뭉친 인간들이 모여 있는 사회에서, 상대방과의 관계, 이해관계자와의 상호작용, 상호 간의 욕망…, 이러한 것들을 이해하고 때론 십분 활용하는 것이 중요하지 않겠습니까? 이것이야말로 부의 실체를 성찰하고, 부의 도약을 성취하는 첫걸음이 아니겠습니까?

앨빈 토플러는 부를 '욕망의 소산'이라 했지만, 저는 '욕망의 자유'라 일컫고 싶습니다. 인간의 자유란 본인의 선택이고, 선택은 그에 따른 권리와 의무를 포괄합니다. 부를 통해 욕망의 권리를 주장하고, 또 욕망의 의무를 책임집니다. 그리하며 얻어진 욕망의 자유, 욕망을 채우고 책임지는 자유가 바로 부가 아니면 무엇일까요?

2년 넘게 외진 월든 호숫가에 오두막을 짓고 자급자족의 삶을 실천한 헨리 데이비드 소로Henry David Thoreau조차도 '부란 인생을 충분히 경험할 수 있는 능력'이라 했습니다. 하고자 하는 것을 할 수 있는 능력과 자유, 그것이 부입니다. 욕망과 자유, 인간으로서 절대 포기할 수 없는 것 아닙니까? 욕망의 자유. 욕망의 존재로서 욕망의 사회를 살아가는 이기적인 자유인인 우리의 실체를 받아들이는 순간, 부의 실체와 본질 역시 너무도 당연하게 받아들일 수 있는 것 아닐까요? 그렇습니다. 부의 엄청난 도약, 부의 퀀텀리프를 이루기 위해 무엇보다도 먼저 들여다보고 또 다잡아야 할 것은 바로 우리의 마음가짐입니다. 결국 마음먹기 나름이고 생각하기 나름이라는 말입니다.

자, 이제 현실과 실상으로 더욱 가까이 다가갈 시간이 되었습니다. 부의 본질을 인간의 욕망, 즉 스스로에게서 찾아야 한다는 고상한 얘기만 듣자고 이 책을 읽고 있지는 않겠지요. 그렇다면 지금부터는 더더욱 내려놓으세요. 경직된 사고와 닫힌 마음을요.

부의 실제
- 평균의 종말

좀 생뚱맞지만 실수는 실패가 아니듯, 실체는 실제가 아닙니다. 다소 고즈넉한 분위기를 걷어내고 시끌벅적한 현실로 가보겠습니다. 여기저기에 널려 있고 시시때때로 접하는 현실의 부, 부의 실제에 대해 이야기해보겠습니다.

부는 사람과 돈의 기묘한 앙상블이자 교묘한 하모니입니다. 오죽하면 《돈의 철학》이라는 책이 고전이 되었겠습니까. 부의 본질과 실체는 사람의 욕망의 소산 또는 자유라 했지요. 그래야만 현실을 살아가는 우리가 현실적으로 실제의 부에 다가설 수 있으리라는 생각에서였습니다. 부의 실제는 역시 돈을 자세히 살펴보는 것부터 시작함이 맞을 것 같네요.

돈의 실존적인 모습은 화폐입니다. 처음에는 조개껍질이었다죠. 돌, 카카오 콩, 금속덩어리 등으로 쓰이더니 드디어 중국에서 종이

화폐가 등장합니다. 은과 금의 보유를 대신하는 증서 역할을 하다가, 1971년 닉슨 대통령의 '금태환 중지' 선언 이후에는 금의 보유량과 관계없이 돈은 순수하게 종이가 됩니다. 이렇듯 돈은 모양새가 변합니다.

그리고 변한 것이 또 있습니다. 예전에는 지갑에 빳빳한 고액권 현금을 빼곡하게 넣어 다니는 사람이 있어 보였습니다. 하지만 이제는 좀 달리 보입니다. 있어 보인다기보다는 어려웠던 옛 시절이 엿보입니다. 어느덧 지갑 속에 돈이 잘 보이지 않습니다. 플라스틱 카드 몇 장이 떡하니 주인 행세를 하고, 지폐는 그 뒤에 부끄러운 듯 얄팍하게 숨어 있죠. 하긴 요새는 지갑도 잘 안 보입니다. 스마트폰 케이스가 지갑이고, 아예 스마트폰이 지갑 역할을 합니다. 지폐도, 지갑도 사라집니다. 동전과 동전지갑도 없어지고, 동전 대신 포인트가 쌓여갑니다.

변화는 여기서 그치지 않습니다. 비트코인의 열풍으로 온 국민이 알아버린 가상화폐. 혹자는 가상통화 또는 암호화폐라 부르지만, 그 명칭이 뭐든 뭐가 그리 중요하겠습니까? 돈이라면 지폐다발이나 동전더미를 떠올렸는데, 가상화폐는 떠올릴 것이 없습니다. 비트코인은 코인이 아닙니다. 그저 정보이죠. 현세에서, 앞으로의 세상에서 돈의 실존은 고작해야 숫자 몇 개로 된, 철저히 정보일 뿐입니다.

기존 시스템 _ 은행을 거쳐야만 거래가 가능하다.

개인끼리 직접 거래하는 블록체인 시스템 _ 각자 똑같은 장부를 나눠 갖는다.

가상화폐의 등장과 유행을 쳐다보는 우리가 꼭 기억해야 할 것이 있습니다. 부를 대표하는 돈, 돈을 대신하는 화폐의 모양새의 문제가 아닙니다. 화폐라는 것, '유통화폐'의 준말이라 하는 통화라는 것, 이들의 근본이 흔들리고 있다는 사실입니다. 화폐는 물건과 물건을 직접 교환하지 않고 '뭔가를 가치가 있다고 정하여' 대신 주고받게 한 것이죠. 무거운 물건을 일일이 들고 다니지 않아도 되고, 부피가 큰 물건을 쌓아놓지 않아도 되는 가치의 교환수단이자 저장수단입니다.

그런데 여기서 가장 중요한 가정은, '누군가'가 뭔가를 가치가 있다고 정한 것이 화폐란 사실입니다. 이제 금도 아니고 은도 아닌 단순히 종이고 숫자인 판국에, 누군가 절대적인 신뢰를 가진 자가 가치가 있다고 정해야 하겠지요. 그래서 국가가 정하고 정부가 정해주어야 화폐이고, 한국은행이 발행해야 지폐나 동전으로서 통화의 구실을 할 수 있습니다.

그런데 말이죠. 서브프라임 모기지론 사태로 글로벌 금융위기가 확산되던 2009년, 정체불명의 컴퓨터 프로그래머가 온라인 가상화폐인 '비트코인'을 발표합니다. "화폐의 역사는 신뢰를 저버리는 사례로 충만하다."고 비판하며 개발동기를 인터넷에 남기면서요. 나카모토 사토시라는 가명을 쓴 크레이그 스티븐 라이트Craig Steven Wright입니다. 그가 개발한 것은 화폐지만, 그가 개혁한 것은 화폐가 아니라 '신뢰'입니다. '뭔가를 가치 있다고 정해주는' 신뢰의 기관인 국가와 정부, 그리고 은행을 더 이상 신뢰할 수 없다는 선언이었죠.

비트코인과 같은 가상화폐에서는 통화를 발행하고 관리하는 중앙, 즉 신뢰의 전형인 은행 역할을 하는 제3자가 아예 없습니다. 오로지 개인끼리 직접 거래합니다. 네트워크에 접속한 모든 비트코인 사용자는 똑같은 거래장부 사본을 나눠 보관합니다. 10분마다 1번씩 새로 발생한 거래내역이 업데이트됩니다. 이 거래장부를 '블록체인'이라 부릅니다. 많은 참여자들의 거래를 그보다 더 많은 사람들이 관찰합니다. 많은 이들과 함께함으로써 신뢰가 형성되는 이치죠. 가령 으슥한 골목길이 아니라 사람이 많은 대로변에서는, 경찰이 없어도 별로 불안하지 않잖아요.

블록체인은 디지털 환경에서 신뢰의 프로세스를 재정립했습니다. 신뢰와 검증을 제공하는 제3자 금융기관에게 의존하지 않아도 됩니다. 그래서 블록체인, 블록체인 하며 난리입니다. 금융기관이 필요 없는 금융이고, 은행이 필요 없는 은행 서비스입니다. 빌 게이츠도 이렇게 말했지요. "우리는 은행 서비스가 필요한 것이지, 은행이 필요한 것은 아니다." 블록체인은 단순히 돈과 화폐, 비트코인에 국한되지 않은 혁명적 발상입니다. 비트코인을 위해 블록체인이 만들어졌지만, 이제 비트코인은 블록체인의 한 응용사례일 뿐입니다.

지금까지
유한세계

드디어 부의 실제에 다가갈 준비가 되었습니다. 부의 실존은 돈이고 돈의 모습은 단지 숫자이자 정보입니다. 그런 세상이 되고 있습니다. 이건 엄청나게 중요한 양상입니다.

원래 '돈' 하면 종이나 금속이고, '부' 하면 돈다발이나 금은보화입니다. 유형의 재화이죠. 형태가 있는 유형의 물질은 유한합니다. 일정한 공간을 차지하고 일정한 시간 동안에 유효한 물질은 유한할 수밖에 없습니다. 주어진 공간과 시간 자체가 유한하니까요. 사람의 생명도 유한하고, 사람이 태어나서 죽을 때까지 마주하는 지구의 모든 물질도 유한합니다.

산업화 이전에는 유한한 자원을 차지하기 위해 경쟁했고, 산업사회에는 유한한 시장을 확보하기 위해 경쟁했습니다. '경쟁'이라는 의미 자체가 '유한한' 객체의 획득에 대한 것입니다. 모든 것이 유한하다는 전제하에 우리와 세상이 존재합니다. 그렇게 생각해왔습니다. 그런데 아닙니다. 인간의 사회생활과 기업의 경영활동의 보편적 진리는 이러한 '유한의 세계'에 기초하고 있습니다. 그런데 더 이상은 아닙니다. 인간과 기업이 절실히 추구하는 부는 '유한의 세계'를 박차고 뛰쳐나오고 있습니다.

유한세계에는 시작과 끝이 있습니다. 수가 많아봐야 최대치가 있고, 또 아무리 적어도 최소치가 있는 세계입니다. 아주 큰 것과 아주 작은 것은 그리 많지 않고, 약간 큰 것과 약간 작은 것은 그리 적지 않습니다. 이 세계에서는 크지도 작지도 않은 평범한 것들이 주종을 이룹니다. 이러한 모양새를 통계용어로 '정규분포normal distribution'라 하죠. 그래프로 그리면 가운데가 볼록한 종 모양입니다. 흔한 것들은 많고, 흔하지 않은 것들은 적은, 유한세계의 평범한 normal 모습이지요. 그래프의 볼록한 부분이 평균적인 것들이고, 한 가운데가 평균입니다.

우리에게 익숙한 유형의 물질과 유한의 관념은, 우리를 '평균이 주도하는 세상'으로 안내했었습니다. 평범한 대다수가 만들어내는 평균치가 세상의 기준이었습니다. 기준을 벗어나면 평범하지 않은 예외적인 것으로 간주하기 십상이고, 때론 무시하기도 했죠. 평범한 게 좋은 것이라는, 언제고 다시 평균으로 회귀할 것이라는 소박한 믿음까지 가지면서요.

'평균회귀'에 대한 신념은 특히 성과가 뚜렷한 스포츠에서 찾기 쉽습니다. 약체인 팀이나 선수가 한동안 요행으로 잘할 수는 있어도 장기간의 레이스에서는 결국 평소 실력인 평균으로 회귀하는 거죠. 농구에서 시작된 '플루크 법칙fluke rule', 일명 '요행법칙'은 평균으로의 귀결을 뜻합니다. 어느 정도 연배가 있는 사람에게는, '플루크' 대신 일본어 발음으로 '후로꾸'가 더 와 닿겠지요. 참, 야구팬에게 익숙한 'DTD Down Team is Down'도 있네요.

그러나 평균회귀 현상은 평균에 대한 절대적인 가치와 평균이 주종을 이루고 있는 유한세계의 영속적인 가치를 보장하는 것이 아닙니다. 작은 수, 짧은 기간 내에 표출된 현상을 지나치게 과대평가하지 말고, 충분한 수와 기간에 걸쳐 성과를 평가해야 한다는 교훈으로 삼는 정도가 마땅합니다. 무조건 평균으로 간다는 주장이 아니라, 적절한 관찰 횟수와 기간이 강조된 논리로 보는 것이 맞습니다. 횟수와 기간은 우리가 유한세계를 설명할 때 쓰는 대표적인 척도이기도 하니까요.

지금부터
무 한 세 계

    부는, 지금 세상의 부는, 평균의 관점과 평범한 시각에 머물러서는 결코 살펴보기 어려운 실제입니다. 부가 생성되고 통용되고 축적되는 모든 과정이 지금까지와는 다릅니다. 유한세계의 상식과 생각으로는 안 됩니다. 부의 실제는 무한한 것이 되었기 때문에 그렇습니다. 앞에서 얘기했죠. 부의 대명사 격인 돈이 '실물'에서 완벽히 벗어났다고. 그저 신용카드나 스마트폰에 있는 정보에 불과한 게 대세이자 추세라고. 돈이 실물이 아니라면 돈의 양은 무한합니다. 그 돈으로 이룰 수 있는 부도 무한하고요. 돈과 부의 속성이 무한함을 알게 된 순간, 알아채야 합니다. 부에 있어서 더 이상 '평균으로의 회귀'는 없다는 것을. 아니, 아예 '평균'이라는 것 자체가 없다는 것을. 최대치가 없는데 무슨 평균이 존재한답니까?

    그나마 존재하는 지폐와 동전도 갈 곳을 주저하고 있습니다. 돈을 발행하는 강력한 제3자인 정부와 은행은 가상화폐의 열풍으로 갈 길을 주저하고 있습니다. '시뇨리지Seigniorage'라 하죠. 화폐를 발행하는 기관이 얻는 이익입니다. 이는 단순히 돈의 실질가치에서 발행비용을 차감한 이익만을 의미하는 것이 아닙니다. 화폐유통의 중앙에 군림하여 얻게 되는 각종 권위와 권력을 모두 포함한 이익입니다. '공신력', 즉 공적인 신용의 힘을 확보하여 얻을 수 있는 이득은 부지기수입니다.

가상화폐에는 시뇨리지 자체가 없습니다. 앞서 말했듯이 발행기관도, 강력한 제3자도, 공신력도, 은행도 없습니다. 조정하고 조절하는 누군가가 없습니다. 대다수의 평범을 위한 공익도 없으며 평균으로의 회귀도 없습니다. 부의 세계가 무한히 펼쳐지는 것을 바라볼 수밖에 없습니다.

하나 더 있습니다. 부는 욕망의 소산이고, 원하는 것을 얻는 자유라 했습니다. 인간이 원하여 돈으로 구매하는 상품도 무한의 모습으로 치닫고 있습니다. 디지털 시대가 우리에게 가져다준 가장 획기적인 것은 무엇일까요? 수많은 디지털 기기들이 떠오르겠지만, 그보다 더 근본적인 것은 '무한의 세계'입니다.

디지털은 눈에 보이지 않는 것에 가치를 입혔습니다. 한정된 자원으로 한정된 상품을 제조하던 유한세계 너머로, 무한정한 디지털 자원으로 무한정한 디지털 상품을 찍어내는 무한세계를 보여준 것입니다. 눈에 보이지 않는 무한한 상품이, 눈에 보이는 유한한 상품보다 값어치가 높아지고 있습니다. 예전에 컴퓨터를 살 때에는 하드웨어만 사도 소프트웨어를 덤으로 주었습니다. 서비스는 아예 공짜였지요. 그러나 지금은 서비스를 사용하기 위해 소프트웨어가 필

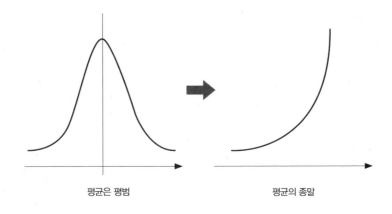

평균은 평범   평균의 종말

요하고, 하드웨어는 염가이거나 빌려 씁니다. 디지털경제와 지식경
제를 같은 맥락에서 혼용하고 있는 이유는, 디지털 환경에서는 무
형의 지식이 최고의 가치이기 때문입니다.

  무형의 돈이 무한합니다. 돈을 찍어내고 관리하는 특권층도 없습
니다. 그 돈으로 사고자 하는 상품도 무형이고 무한합니다. 지금 세
상의 부의 실제는 단연코 무형이자 무한입니다. 새로운 시대와 새
로운 부의 법칙 속에서는, 평균을 떠올리는 평범한 이들에게 욕망
의 자유란 없습니다. 30대에 엄청난 부를 움켜쥔 사업가 엠제이 드
마코MJ DeMarco는 말합니다. "당신이 평범하다는 것은, 당신이 현
대판 노예라는 뜻이다." 평범에 안주하고 평균에 의지하는 시대는

끝났습니다.

가히 '평균의 종말'입니다. 요즘 같은 시기를 일컫는 용어 중에 '뉴노멀new normal 시대'라는 말이 있죠. 기존과는 전혀 다른 양상의 평균의 시대라는 얘기인데, 굳이 '뉴'라는 수식어를 붙여 기존의 시각을 연명하려는 시도는 아쉽습니다. '뉴노멀은 낫노멀이다New normal is not normal.'로 받아들이면 어떨까요.

끝의
시작

2013년 발간된 프랑스의 경제학자 토마 피케티 Thomas Piketty의 《21세기 자본》은 700페이지에 가까운 두께에 수치와 도표로 가득한 책입니다. 그럼에도 불구하고 각종 베스트셀러 1위에 오르는 기염을 토하며 '피케티 신드롬'을 자아냈습니다. 방대한 자료를 축적하고 그 분석에 근거한다는 점, 주류 경제학이나 보수 자본주의와 대칭적인 시각을 견지했다는 점이 참신합니다만, 내용을 요약하면 의외로 간단하며 다소 상식적이기도 합니다. '현대사에서 자본수익률은 임금소득이 주종을 이루는 경제성장률을 항상 크게 웃돈다. 그리하여 금융자산을 보유한 자본가들의 수익은 날로 늘어나 그렇지 아니한 자, 즉 근로자들과의 격차는 더욱 커지게 된다.'

어쩌면 일반인들도 충분히 알고 있는 주장인지 모릅니다. 그러나 우리가 몸담고 살아가고 있는 자본주의와 자유시장경제주의를 지탱하고 있는 '보이지 않는 손'이 자기조절능력을 발휘하여 부의 분배와 균형을 이룬다는 막연한 믿음을 여지없이, 그것도 방대한 실증적 데이터로 깨부수어버린 시도라는 데 큰 의미를 부여할 수 있겠습니다.

피케티가 책의 제목에 '자본'이라는 단어를 큼지막하게 붙인 것은 다분히 마르크스의 《자본론》에 대한 오마주로 보입니다. 자본은 축적되어갈수록 계속 소수에게 집중된다는 마르크스의 핵심사상을, 피케티는 '무한축적의 원리'라 명명하고 현대판 '자본론'을 쓴 것이죠. 부의 지나친 불균형으로 프롤레타리아들이 혁명을 일으켜 부르주아 자본주의는 멸망할 것이라는 마르크스의 예언이 어긋났다는 사실이, 꼭 무한축적의 원리가 틀렸음을 증명하는 것이 아니라고 피케티는 힘주어 말하고 있는 듯합니다.

자연스럽게도 피케티의 논지는 많은 공격을 받고 있습니다. 방대한 자료의 실증분석에 걸맞지 않은 다소 이상주의적인 처방, 전 세계적 금융자산에 대한 누진적 자본세를 물게 하자는 결론은 특히 많은 비판을 받습니다. 보수 경제학자들의 냉소적인 시각으로는 피케티가 21세기에 떠도는 마르크스의 환영처럼 여겨져서 그렇겠지요.

21세기 부의 실제 모습은 평균적인 모양새나 평균회귀와는 거리가 멉니다. 쌓이면 더 쌓이고, 더 쌓이면 계속 쌓이게 되는 모습입니다. '평균, 평등, 평범'과는 멀어져가는 실제입니다. 돈을 발행하는 주체, 거기에서 만들어진 돈, 그 돈으로 살 수 있는 상품, 그 상품의 가치가 이전과는 판이합니다. 실물경제와 유한세계에 기초한 피케티의 분석과 주장도 그러할진대, 우리 앞에 무한히 펼쳐진 무한세계에서는 오죽하겠습니까.

부의 불균형, 불평등, 부익부 빈익빈이 심화되리라는 것은 명약관화입니다. 폭동이 일어나거나 전 세계가 공조하여 엄청난 세금을 책정하지 않는다면요. 그렇다면 과연 우리는 어찌해야 할까요? 그냥 순응해야 할까요? 사라져가는 평균, 멀어져가는 평범을 군자의 마음으로 감내해야 하나요? 그저 경제학적인 사실이나 정치학적인 논리로만 받아들여야 할까요?

1980년대에 가수 이문세는 대단했습니다. 그의 노래는 지금까지도 많은 이의 감성을 자극합니다. 개인적으로는 이문세와 그의 곡 뒤에 숨겨진 이름, 작사·작곡가 이영훈을 칭송합니다. '끝의 시작'이라는 곡에서 '비는 내리고 소나기 되어 하늘을 찢을 듯한데'를 들려줍니다. '끝의 시작'은 무엇일까요? '시작의 끝'은 또 무엇일까요? 분명한 것은, 끝과 시작 또는 시작과 끝, 그 사이에 엄청난 변화가 있다는 뜻이겠죠. 평균과 유한세계의 종말이 왔습니다. 그로 인했던 수많은 상식과 관념들에 하늘을 찢을 듯한 무시무시한 변화가 있을 겁니다. 확실히 그럴 겁니다.

어떻게 부의 도약을
이룰 것인가?

어떠세요? 알고 있지만 다 알고 있지 않은 얘기 아닌가요? 부의 실체와 실제에 대한 얘기 말입니다. 부와 돈에 관한 막연하고도 부정적인 인식은 떨쳐내야 합니다. 비록 부의 실체가 욕망의 소산이라 해도, 금욕주의자들이 인간의 욕망과 부에 대한 선망을 비난해도, 우리가 절대 놓을 수 없는 것이 있습니다.

자유, 선택하는 자유, 우리네 인생을 수놓는 수많은 욕구와 다양한 경험을 직접 선택하는 자유. 이 자유는 인간으로서 우리가 절대 놓칠 수 없는 가치입니다. 그 가치를 담보해주는 부를 어찌 마냥 멀리할 수 있을까요. 좀 더 적극적인 자세로 부에, 부의 도약에 다가가야 합니다. 부를 바라보는 솔직하고 능동적인 마음가짐이 모든 것의 시작이라고 강조했죠.

하지만 결연한 마음으로 다가선 부의 실제는 묘연합니다. 눈에 보이지도 않고 손에 잡히지도 않습니다. 무형의 모습으로 무한의 세계로 치닫고 있습니다. 실체가 없는 실제가 되고 있습니다. 적정한 재화를 적절히 나누어 적당히 나눠 갖는 유한의 세계가 막을 내리면서, 평균의 시대, 평범의 세상, 평등의 세계도 퇴장하고 있습니다. 분명히 알아야 합니다. 부는 무한한 것이고, 부의 획득도 끝이 없다는 것을. 그로 인하여 부의 분배에 있어 자기조절능력이나, 부의 배분에 있어 평균회귀 현상을 기대하면 안 된다는 것을. 이러한 사실들을 명심하고서야 비로소 부의 도약에 다가설 수 있다는 것을.

　제가 이전 책에서 주창한 것인데 꽤 공감반응이 뜨거웠던 얘기를 한 번 더 하겠습니다. 따져보면 누구나 알 법한 얘기인데 말이죠. 부자에는 3가지 레벨이 있습니다. 고수, 중수, 하수, 이렇게 3가지 등급이 있다는 겁니다. 하수는 자기가 열심히 일해서 돈을 벌고 부를 축적합니다. 부지런히 모으고 알뜰히 아끼면서요. 대다수의 우리는 이렇습니다. 부자는 아닐지언정 이런 식으로 부자가 되려고 애쓰죠.
　중수의 부자는 하수를 비웃습니다. "돈은 그렇게 버는 게 아냐." 하면서. 혼자 열심히 하는 데는 한계가 있다는 것을 잘 압니다. 남이 자기의 돈을 벌어줍니다. 물론 혼자 버는 것보다 더 많이 벌겠지요. 그러나 고수의 부자는 중수와 하수를 비웃지 않습니다. 관심도 없습니다. 돈이 돈을 버는 것이지 사람이 돈을 버는 것이 아니라는

부자의 3가지 레벨

것을 알고 있으니까요. 고수는 변덕스러운 사람보다는 돈을 믿습니다. 돈이 일해 돈을 벌게 하는 게 현명하다 믿습니다.

여러분은 어떤 부자인가요? 아니, 어떤 부자를 지향하나요? 안정적인 직업으로 각광받는 교사, 공무원의 월급으로 10억 원을 벌려면 평균 20년이 걸립니다. 버는 것과 모으는 것은 다르니, 월급의 10%를 저축하여 실제로 10억 원을 손에 쥐려면 단순 계산으로 200년입니다. 200년, 아무리 과학기술이 발달해도 200년이나 일을 할 생각은 아니겠지요? 그것도 열심히, 열심히요. 결국은 우리가 어떤 선택을 하느냐에 따른 문제입니다.

우리가 선망하는 부자의 반열에 들어선 이들은 고수입니다. 고수들은 원래 말이 없습니다. 만일 중수나 하수에게, 부자를 갈망하는 우리들에게 훈계를 일삼는 고수가 있다면, 게다가 근면성실해라,

근검절약해라 침 튀기며 강조한다면, 분명 그는 위선자입니다. 자신은 그렇게 부를 이루지 않았으면서 왜 남들에게는 그렇게 말하는 걸까요? 만일 위선자가 아니라면 진정한 고수 대열에 오른 부자가 아니겠지요.

진정한 부자는 사다리를 걷어차는 데 관심이 없습니다. 부자들이 위선이나 행하면서 자신들이 오른 위치에 범접하지 못하게 사다리를 걷어찬다고 생각하는 것은, 단지 시샘 섞인 순진한 발상일 뿐입니다. 부자들이 살고 있는 초고층 아파트나 그들이 소유한 고층빌딩을 밑에서 올려다보며 사다리를 갈구하는 사람들의 눈에나 보이는 사다리입니다. 부자들은 그런 것에 신경 쓰고 싶지 않거든요. 아니, 엄밀히 말하면 그럴 시간이 없습니다.

가장 희소하고,
가장 소중한 것

시간. 중요한 건 시간입니다. 시간이 부족합니다. 부자들이 가장 부족하다고 느끼고 신경 쓰는 것은 바로 시간입니다. 지금은 먹을 것, 입을 것이 부족한 시대가 아닙니다. 상품과 제품이 넘쳐납니다. 그나마 고갈을 염려했던 화석연료도 대체 에너지 개발이 한창 진행 중입니다. 부의 흐름이 가치의 흐름이고, 가치의 흐름은 결국 '무엇이 가장 희소한가?'의 종착지로 흘러가게 되어 있습니다. 가장 희소한 것, 가장 부족한 것을 확보한 자가 가장 많은 부를 획득할 것이 당연합니다. 어떠한 산업혁명이 발발해도, 어떠한 대체 에너지가 개발되어도 절대 대체될 수 없는 자원, 그것은 바로 '시간'이겠죠. 재화가 무한해질수록 더욱 반짝반짝 진가의 빛을 발휘하는 것은 시간뿐이겠죠.

그러나 우리 대부분은 가장 소중한 것을 팔고 있습니다. 절대적으로 유한한 시간을 팔아 상대적으로 무한한 재화를 얻고 있습니다. 주 2일의 자유를 얻기 위해 주 5일의 노동을 바칩니다. 법정근무 몇 시간, 주당 몇 시간, 그러면 일당 얼마, 시급 얼마, 이런 식으로 돈을 법니다. 우리의 소중한 시간, 그 시간으로 이루어진 소중한 인생을 희생하고 있는 것이죠.

생각해보세요. 누가 여러분의 시간을 요구하고 있는지. 누가 여러분의 시간을 잘 활용하고 있는지. 바로 그들이 부자입니다. 부를 거머쥐기 위해 남의 시간을 자기의 시간처럼 쓰고 있는 사람들입니다. 명심하세요. 누군가 여러분에게 시간을 달라고 한다면, 그는 여러분의 삶의 일부를 빼앗겠다고 하는 것입니다.

부자들이 입버릇처럼 되뇌는 철칙은 '돈과 시간을 분리하라.'입니다. 시간에 의존해서 벌 수 있는 돈은 한계가 있다는 걸 알기 때문이죠. 웬만한 고액연봉의 월급쟁이도, 웬만큼 단가가 높은 전문가도, 모을 수 있는 부에는 한정이 있습니다. 시간은 흘러가고 그 시간에 비례해서 1, 2, 3, 4…, 이런 식으로 소득이 쌓이겠지요. 그러나 그만큼 소비도 늘어나고 무엇보다도 가장 중요한 시간이 소모되므로 전성기를 지나면 언젠가는 고만고만하게 유지하기 급급해질 겁니다.

자기 시간을 투자해서 돈을 버는 방식을 탈피해야 합니다. 직원으로, 아르바이트로 일해서 부자가 될 수 없듯이, 자영업으로도 어렵습니다. 말만 사업이지 자기가 열심히 일하며 시간을 파는 직업이니까요. 설령 다수의 직원을 고용한 사업을 영위하더라도 사장님이 열심히 뛰고, 열심히 뛴 만큼 벌어들인다면 자영업과 다를 바 없습니다. 다르다면 한 가지, 다른 직원들을 책임지고 있다는 정도입니다. 종종 사장님들이 토로합니다. "직원들이 나를 위해 일하는 건지, 내가 직원들을 위하는 건지…. 나를 위해 사업을 하는 건지, 직원들을 위해 사업을 하는 건지…." 물론 직원들과 직원 가족들의 생계를 책임지고 있다는 사명감에 충만하다면 자조 섞인 푸념이 아닌 자부 섞인 신념이겠지만요.

초선차전

　　적벽대전의 전운이 감도는 장강을 바라보며 오나라의 대도독 주유는 동맹국인 촉나라의 제갈공명에게 열흘 안에 화살 10만 개를 만들 것을 제안합니다. 제안이라기보다는 명령 아닌 명령이었죠. 제갈공명은 흔쾌히 수락하고 심지어 지키지 못할 경우에 엄벌을 달게 받기로 약조까지 합니다. 공명의 존재에 위협을 느끼고 있던 주유는 내심 기뻐하며 공명을 처치할 기회로 삼습니다. 화살 만드는 공인들을 회유하여 작업의 진척을 방해하기도 하였지만, 정작 제갈공명은 정해진 기한이 다가와도 공방 근처를 얼씬하지 않습니다. 화살을 만들 생각조차 없어 보였죠.

　어느 날, 안개 짙은 밤이 되자 제갈공명은 나룻배 30척에 풀단 1,000여 개를 배의 양편에 세운 후 조조의 진영으로 다가갑니다. 안개로 시야가 분명치 않은 상황에서 1만 명이 넘는 조조군 궁수들은 뱃소리가 나는 강의 중심을 향해 맹렬히 화살을 쏟아붓습니다. 화살이 소나기처럼 쏟아졌고 나룻배의 풀단에 꽂힙니다. 이리하여 화살 하나 손수 만들지 않고 10만 개 이상의 화살을 순식간에 확보한 공명의 무용담이 완성됩니다.

　공명은 고수 중에도 고수입니다. 처음부터 화살을 만들 생각이 없었습니다. 주어진 시간과 공인들의 수를 손가락으로 꼽아보며 아무리 열심히 해도 10만 개의 화살을 만들 수 없다는 걸 알고 있었습니다. 남의 시간과 노력을 온전히 활용해야 가능하다는 걸 잘 알고 있었습니다.

부의 엄청난 도약을 위해서는 남이 나를 위하여 일하게 해야 합니다. 나의 부를 위하여 남의 시간과 노력을 잘 활용할 수 있어야 도약이 가능합니다. 내가 갖고 있는 시간과 노력, 그리고 능력과 역량만으로는 가능하지 않습니다. '핵심역량core competence'이라고 하죠. 경영전략가 게리 하멜Gary Hamel로부터 이 단어를 배운 후부터 우리는 '핵심역량'에 주목하게 되었습니다. 원래는 이것저것 스스로 다했습니다. 북 치고 장구 치고 했죠. 그렇지만 핵심역량에 집중해야 하니 핵심역량이 아닌 나머지는 남에게 외주를 주거나 아웃소싱을 합니다. 북은 내가 치지만 장구는 남이 치게 하자는 것이죠. 모든 것을 제 손으로 다 해야 직성이 풀리는 사람이나 기업에 비하면, '핵심역량+아웃소싱'의 조합은 그나마 양반인 셈입니다.

그러나 이제는 북도 남에게 치게 해야 합니다. 가급적 많은 일을 다른 이의 능력과 역량에 맡겨야 합니다. 핵심역량이요? 한번 물어보겠습니다. 여러분의 핵심역량은 무엇이죠? 여러분 기업의 핵심역량은 무엇입니까? 연구개발? 디자인? 기획 아니면 마케팅? 생산 또는 유통? 한 번 더 물어보겠습니다. 여러분의, 여러분 기업의 그 핵심역량이 그렇게 독보적입니까? 그 누구도 따라올 수 없는 그런 것인가요? 이 세상에 나만큼, 우리만큼의 역량을 가진 이는 충분히 많습니다. 언짢아하지 말고 들어보세요. 여러분의 기업보다 일을 더 잘하고, 더 좋은 상품을 생산하는 기업은 많습니다. 게다가 이제 그들과의 연결이 너무 쉽습니다. 사방팔방으로 연결된 세상 아닙니까.

열심히 노력하고, 능력개발하고, 핵심역량 키우는 것, 다 중요합니다. 그렇지만 그것은 산업의 시대를 살아온, 아담 스미스나 새뮤얼 스마일스에게 세뇌되어온 우리들의 고정관념일 뿐입니다. 1, 2, 3, 4… 하면서 티끌 모아 태산을 바라는 순진한 생각입니다. 어차피 더 순진해지고 더 청렴해지자고 이 책을 꼼꼼히 읽는 것은 아니지 않습니까?

부의 퀀텀리프, 부의 엄청난 도약을 위해서 명심해야 할 문장이 다음에 나옵니다.

"통通: 생산하지 말고 연결하라."

통通입니다. 연결해야 합니다. 자기가 생산하기보다는 남과 연결해야 합니다. 여기서 생산이라 함은 꼭 물품을 제조하는 것을 의미하지 않습니다. 그것을 포함하여 뭔가 열심히 가치를 생성해내는 모든 행위를 뜻합니다. 생산하지 말고 연결하라. 스스로의 노력과 능력에 의존하기보다는 남의 역량과 남이 가진 자원, 그리고 남의 시간까지 활용하는 전략과 실행에 집중해야 한다는 것이죠. 물론 남을 이용만 하고 악용하라는 얘기는 아닙니다. 적당한 연결과 협업관계를 뒷받침해주는 경제적 룰과 사회적 공감대가 형성된 시대 아닌가요? 초연결시대라고 하잖아요.

현대 경영이론 중에 참신한 것을 꼽자면, 아마도 '플랫폼'일 것입니다. 따지고 보면 플랫폼도 경영학보다는 제조공학에서 유래된 것이지만요. 플랫폼하면 뭐가 생각나세요? 아이폰의 앱스토어부터 각종 소프트웨어 개발까지 플랫폼이라는 단어가 많이 쓰입니다. 기술뿐 아니라 여러 이해관계자가 참여하는 새로운 사업유형을 지칭하기도 하고요. 그러나 좀 더 근원적으로 보는 안목이 필요합니다.

플랫폼은 플랫폼 참여자들로 둘러싸여 있습니다. 참여자들이 많을수록 플랫폼의 위력은 커지고, 기존 참여자가 또 다른 참여자를 참여시키면 세력이 더욱 커지겠지요. 마치 다단계 판매처럼 말입니다. 물론 다단계 판매도 플랫폼 비즈니스의 하나의 전형입니다. 플랫폼은 이렇듯 많아지고 늘어나는 참여자들의 중앙에 떡하니 자리잡고 있습니다. 플랫폼은 진정한 '연결의 대마왕'입니다. '연결의 종결자'라고 해도 되겠네요.

연결의 종결자, 플랫폼

다시 한 번 차분히 보세요. 중앙의 플랫폼과 그 플랫폼에서 가장 멀리 떨어져 있는 변방의 참여자는 처지가 굉장히 다릅니다. 변방의 참여자는 열심히 일합니다. 열심히 일한 만큼 벌겠죠. 그렇다면 중앙의 플랫폼은요? 열심히 일한 만큼 버나요? 아닙니다. 열심히 일할 참여자를 모으는 만큼 법니다. 플랫폼 대신 일할 참여자를요. 중요한 건 이겁니다. 자신이 열심히 일해서 버는 참여자는 산술적으로 1, 2, 3, 4… 노력한 만큼 벌겠지만, 플랫폼은 1, 2, 4, 8, 10, 100, 1000… 이렇게 기하급수적으로 법니다. 부를 획득하고 축적하는 방법이 근본적으로 다르다는 겁니다.

다른 사람의 시간과 자원을 활용해서 부를 끌어당기는 플랫폼은 태생부터 중수의 부자는 되는 셈이죠. 연결이 많아질수록, 연결이 중첩될수록, 참여자는 기하급수적으로 늡니다. 자신의 노력, 남의 능력을 뛰어넘어 연결을 연결하여 연결만으로 부를 끌어 모으는 플랫폼은, 돈이 돈을 버는 진정한 고수 부자라 하겠지요.

요새 잘나가는 사람, 잘나가는 기업, 그들의 핵심역량은 '연결'입니다. 구글, 애플, 마이크로소프트, 알리바바, 페이스북, 아마존…. 전 세계를 호령하는 기업가치 최상위의 이들은 모두 플랫폼 기업입니다. 최고의 기술력과 인력, 공장과 공정으로 고군분투하는 삼성전자의 적수 애플이나 샤오미는 공장이 없습니다. 연결만으로 세계 최고의 제조업체로 군림하고 있죠.

'유니콘 기업'이라는 것도 있습니다. 기업가치가 10억 달러, 우리나라 돈으로 1조 원이 넘는 비상장기업을 일컫는 용어입니다. 우버, 샤오미, 에어비앤비 등 그들 또한 연결로, 아니 연결만으로 엄청나게 빠른 속도로 성장했습니다.

돈이 열리는
나무

알아야 합니다. 부의 도약을 이루기 위해서는 연결해야 합니다. 그것도 엄청난 도약을 원한다면, 연결 이외에는 방도가 없습니다. 연결하여 통通해야 합니다. 우리가 살아온 산업의 시대, 우리가 받아들인 그 시대의 철칙을 버려야 합니다. 모든 것은 내가 하기 나름이고, 나의 노력과 시간, 능력, 열정을 헌신해야 한다는 '생산방식'에서 벗어나야 합니다. 생산하지 말고 연결해야 합니다.

지금 당신이 하고 있는 일을 살펴보세요. 혼자서 분전하고 있지 않나요? 모든 것을 혼자 다 하면서 '뿌린 대로 거두리라.'를 실천하고 있지 않나요? 당장의 비용을 절감하고 수익을 늘리기 위해 웬만하면 스스로 다 처리하는 방식을 채택하고 있지는 않나요? 물론 그럴 수 있습니다. 그럴 필요가 있겠지요. 그러나 계속 그렇게 한다면 결코 혁신을 기대할 수 없고, 단연코 '퀀텀리프'를 이뤄낼 수 없습니다.

어떻게 하면 지금 하고 있는 일을 남에게 시킬 것인가, 어찌하면 나 대신 남이 궁극적으로 나를 위해 일하게 할 것인가를 고민해야 합니다. 그래야 나의 유한한 시간을 무한한 기회로 돌리고, 한정된 자원을 무한정한 자산으로 바꿀 수 있습니다. '연결방식'을 추진해야 합니다. '연결'의 속성이 1, 2, 4, 8, 그리고 10, 100, 1000…

이듯이, 연결해야만 부의 기하급수적 도약을 성취할 수 있기 때문입니다.

　'돈이 열리는 나무'라는 표현 들어보았죠? 모든 부자들과 부자가 되려는 많은 사람들이 원하고 바라는 나무입니다. 주렁주렁 돈이 달려 있고, 따서 먹어도 무럭무럭 새로 돈이 자라는 나무입니다. 새롭게 부자가 된 이들에게 사람들은 물어봅니다. "어떻게 그리 빠르게 부자가 되셨나요?" 그러나 그 질문의 원래의 의도는 이렇습니다. "어떻게 그리 쉽게 부자가 되셨나요? 그 방법을 알려주세요." '빠르게'의 의미는 '쉽게'입니다. 저절로 돈이 열리고 부가 자란다면 세상에 그것만큼 쉽게 부자가 되는 방법은 없겠지요.

　돈이 나무에서 저절로 열리려면 우선적으로 2가지가 필요합니다. '자기증식'과 '지속가능'입니다. '자기증식'은 토양으로 비유할 수 있습니다. 남의 시간과 자원, 능력과 노력으로 비옥한 토지여야 합니다. 이것들로 풍요로운 토지에서 풍성한 자기증식이 이루어지겠죠. 지금까지 누차 강조한 얘기지만, 저절로 돈이 열리는 나무가 세상에 어디 있겠습니까. 여기서 '저절로'는 나의 직접적인 노력과 우리의 집중적인 시간투자 없이 남에 의해 부가 늘어나는 것을 의미합니다.

　또 비료도 있어야 하겠지요. 비료는 '지속가능'을 위해서입니다.

한 번 열매를 맺은 나무가 지속적으로 열매를 맺게 하는 것이 비료입니다. 다른 이들의 시간과 노력을, 그것도 꾸준히 활용하는 일이 간단치는 않겠죠? 플랫폼으로 말하자면, 같이 협력하며 참여하는 이해관계자들이 지속적으로 공동의 노력을 경주할 수 있는 공감대가 필요합니다. 일종의 '룰'이자 '시스템'이겠지요. 그렇다면 토양과 비료를 갖춘 이 '돈이 열리는 나무'를 '부의 자기증식 시스템'이라 부르면 어떨까요? '부의 자가발전 시스템'이라고 해도 되고요.

부의 자가발전
시스템

　　여러분은 '부의 자가발전 시스템'을 갖고 있나요? 지금의 돈 버는 방법, 사업하는 방식은 어떤가요? 나를 위한 시스템인가요? 아니면 남을 위한 시스템, 아니면 남의 시스템의 컴포넌트인가요? 만일 자신 있게 대답할 수 없다면, 지금의 종자와 묘목으로는 안 됩니다. 지금과는 전혀 다른 삶의 방식, 경제행위, 지금보다는 훨씬 새로운 비즈니스모델을 심어야 하겠지요.

　　토양과 비료, 종자와 묘목까지 나왔습니다. 사실 나무 한 그루 키워보지 않았어도 알 것입니다. 모든 생물은 일정한 시간이나 크기를 버텨내야 건장한 어른이 되고 건실한 열매를 맺는다는 것을요. 아무리 좋은 토양과 비료, 종자와 묘목이어도 일정한 수준으로 나무가 성장할 때까지는 안심할 수 없습니다. 공을 들여야 합니다. 그 일정한 시간과 크기, 일정한 수준에 도달하는 것이 중요합니다. 이를 '크리티컬 매스critical mass'라 부릅니다. 일상의 재테크에서는 '종잣돈'이라고 부르기도 하고요.

　　과연 얼마만큼 있어야, 얼마나 버텨야 도약의 국면으로 전환되어 기하급수적인 성장이 가능해질까요? 실천적으로 매우, 아니 제일 중요한 문제입니다. 나의 상황, 우리 사업의 여건에 따라 달라지는 문제이기도 하고요. 이에 대한 내용은 저의 전작 《매개하라》에 기술한 내용을 참고하기 바랍니다. 대신 랜디 포시Randy Pausch의 생각을 적어보겠습니다. 그는 말기암 진단을 받고 《마지막 강의》를 우리에게 선사한 교수입니다.

> 역경이 존재하는 이유가 있습니다. 역경은 우리를 몰아내기 위해 있는 것이 아니라, 우리가 무언가를 얼마나 간절히 원하는지 깨닫게 해주기 위해 있습니다. 그 무언가를 간절히 원하지 않는 사람들에게 역경은 그만하라고 말합니다. 역경은 그런 사람들을 단념하도록 하기 위해 존재하는 것입니다.

부자들은 '돈 열리는 나무'를 '수동적 수입passive income'이라고도 부릅니다. 부자는 능동적인 부와 부의 흐름을 간파하고, 본인들의 직접적인 노력 없이 남들의 노력을 활용하여 '수동적'으로 돈을 벌어들입니다. 그래서 부의 도약을 쉽고 빠르게 이루고 있는 거죠.

이제 알았죠? 부가 왜 이리 넘쳐나는지, 그런데 왜 나에게는 그렇지 않은지. 부자가 왜 이리 쉽게 버는지, 그런데 왜 우리는 그렇지 않은지. 부자는 왜 그다지도 시간에 인색한지. 부자가 애지중지하는 '돈 열리는 나무'가 무엇인지. 그러니 우리도 어찌해야 할 건지를 말입니다. 그리고 무엇보다도, 우리가 간절히 원하는 그만큼, 역경을 딛고 부의 퀀텀리프를 위해 어떻게 해야 할 건지를 말입니다.

3

권력의
퀀텀리프

권력의 실체
- 관계의 욕망

　개를 좋아합니다. 물론 기르는 개 말이죠. 개에게 상처받은 적도 있습니다. 물론 몸이 아닌 마음의 상처입니다. 좋아했으니까요. 좋아하는 입장에서 개에 대한 부당한 표현들이 못마땅합니다. 밥 먹는 개는 때리지도 않는다면서, 복날에는 개 패듯 때립니다. 닭 쫓던 개 어쩌고, 지나가던 개 저쩌고 합니다. 개 팔자가 상팔자면 절대 안 되고, 죽 쑤어서 개 주면 절대 안 됩니다. 가장 사랑스러운 존재인 강아지를 다른 말로 하면 가장 흔한 욕이 되지요. 경영전략에서도 사업이 잘 안될 때를 '도그dog'라 부릅니다. 휘어 있는 골프코스는 '도그 렉dog leg'이라 부르죠. 휜 다리를 가진 동물이 어디 개뿐입니까?

　진정한 부자는 '개같이 벌어서 정승같이 쓴다.'지요. 돈 버는 얘기에도 개가 등장합니다. 그러고 보니 이 책의 주제인 부, 권력, 그리고 지식에 대해서도 빠짐없이 개가 한몫합니다. 서당 개 얘기 알죠? 다음 장의 주제인 지식에 상응하는 개가 서당 개라면, 이번의 주제는 권력, 그 권력의 생리를 극명하게 보여주는 개는 '정승집 개' 입니다. '정승집 개가 죽으면 문전성시를 이루지만, 정작 정승이 죽으면 개 한 마리 얼씬거리지 않는다.' 어떤가요? 그렇지 않은가요?

'권력' 하면 대개는 뭔가 좋지 않은 어감입니다. 탐욕스럽기도 하고, 왠지 일반인과는 관련 없는 일부, 특히 정치인의 어휘로 생각되죠. 심지어 폭력을 떠올리는 사람들도 있더군요. 아마도 우리의 현대사에 기인한 바가 큰 것 같습니다. 절대적으로 수용했던 '왕권'의 시대가 지나고 민주주의가 싹텄으나, 우리는 또다시 군사력을 동원한 '절대권력'을 목격했습니다. 절대권력자와 그들을 둘러싼 권력에 의하여 민주의 꽃이 시들고 국민의 인권이 유린되면서 권력은 폭력, 완력, 그리고 강제와 강압의 의미로 환원되었죠. 민주주의가 꽃 핀 지금에도 역시 권력에 대한 인식은 그리 긍정적이지 않습니다. 아직도 정당하지 않은 권력자들이 적절하지 않은 권력을 행사하는 것을 자주 보니까요.

그러나 그렇게만 생각할 일이 아닙니다. '권력'은 억울합니다. 권력의 실체와 본질은 꼭 나쁘다고만 할 수 없는데요. 누구나 내심 원하면서 누구도 선뜻 원한다고 말하기 어려운 게 권력입니다. 그러니 권력의 입장에서 보면 이러한 이중적인 대접이 억울하고 못마땅

할 것 같습니다. 앞 장의 부와 마찬가지로, 권력의 본질을 이해하려면 권력을 다루고 대하는 우리 인간에게서 출발해야 합니다. 애꿎은 권력이 아닌 우리와 우리의 생각이 관건입니다.

국립국어원 표준국어대사전에서는 '권력'을 '남을 복종시키거나 지배할 수 있는 공인된 권리와 힘. 특히 국가나 정부가 국민에 대하여 가지고 있는 강제력'이라 정의합니다. 이건 아니지 싶습니다. '복종', '지배', '강제'라는 단어가 주를 이루고, 특히나 국가권력과 정치 권력을 강조하네요. 마치 마오쩌둥이 한 말 "권력은 포신砲身에서 나온다."를 연상시킵니다.

하는 수 없이 '권력'에 대한 20세기 최고의 학자라 일컬어지는 막스 베버Max Weber의 얘기를 들어봅니다. '특정한 사회적 관계 속에서 저항에 맞서 자신을 관철시키는 모든 기회', 이것이 그의 명저 《경제와 사회Economy and Society》에서 지칭한 권력의 의미입니다. '특정한 사회적 관계에서 자신을 관철시키는 기회'입니다. 사회적 관계라면 우리 모두의 얘기입니다. 우리 모두가 자기 스스로에게 부여하는 '기회'에 대한 이야기입니다. 국가와 정치, 군대만의 용어가 아니며, 위정자나 일부 선택받은 자들만의 단어도 아닙니다.

국가와 사회는 절대자를 위한 것이 아니라, 자유롭고 평등한 사람들의 계약으로 존립하는 것이라 주창한 영국의 철학자 토마스 홉스Thomas Hobbes. 그가 정의한 권력은 좀 더 폭넓습니다. '선善이라 여겨지는 미래의 어떤 것을 획득하기 위하여 인간이 현재 가지고 있는 방법.' 어떻습니까? 미래를 위한 인간이 지닌 현재의 방법이라 하지 않습니까. 그러니 권력은 우리 모두의 일이며, 우리네 일상의 일이다. 이렇게 생각해보아도 되지 않을까요? 권력을, 권력에 대한 인식을, 저 멀리서 이만큼 눈앞으로, 저 높은 곳에서 이만치 눈높이로 가져다 놓았습니다. 그렇게 계속 풀어가겠습니다.

자리 = 권력?

권력에는 몇 가지 유형이 있습니다. 폭력과 완력을 대동하여 신체적·정신적 고통을 수단으로 권력을 발휘하는 '강제적 권력coercive power'이 우선 떠오릅니다. 그러나 물질, 승진, 칭찬 등 상대가 원하는 것을 여러 가지 형태로 구사해 권력을 얻기도 합니다. '보상적 권력reward power'이죠. 이러한 당근과 채찍은 가장 일방적인 권력의 원천입니다. 거기에 '합법적 권력legitimate power'도 있습니다. 특정한 위치나 직책이 부여하는, 또는 일정한 규범과 규정이 보장하는 권력입니다. 그냥 지위만으로, 그 지위가 발휘하는 상징만으로도 권력이 용인되는 경우이겠죠. 대통령, 사장, 목사, 그리고 선생과 같은 단어 뒤에 '님'을 붙이는 것은 어렵지 않습니다.

얼핏 보면 위의 권력 중에서 합법적 권력이 제일 강력해 보입니다. 합법적인 직책과 규정을 확보했다면 벌을 주거나 상을 주는, 강제적 권력과 보상적 권력을 쉽게 획득하리라 여겨지기 때문입니다. 그러나 조금만 더 따져보면 매우 취약한 권력입니다. 많은 이들이 합법적 권력이 영원하리라 생각하다 후회하고, 많은 이들이 '권력 무상'을 외치는 이유가 무엇일까요? 일시적이고 상대적이라서 그렇습니다. 강력하나 취약한 이유는, 자기 자신이 만든 권력이라기보다는 남이 준 권력이라서 그렇습니다. 그러니 일시적이고 상대적일

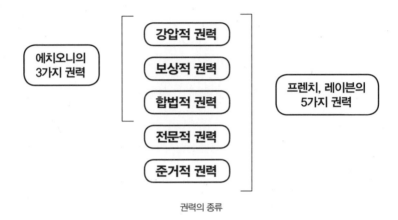

권력의 종류

수밖에요. 그럼에도 불구하고 남에 의해 생성된 권력을, 지위를, 남을 위하지 않고 자신을 위해 쓰는 사람이 적지 않습니다. 아마도 그 권력을 자기가 잘나서 획득했다고 생각하는 거겠죠. 그래서 그토록 유능한 그들이 어리석어지나 봅니다.

이래서 조심해야 합니다. '돈=부'라 생각하듯이, '자리=권력'이라 생각하는 것을 피해야 합니다. 권력을 무슨 자리, 어떤 직책으로 간주하다면, 매우 불안정한 권력을 추구하는 것입니다. 설상가상으로 그 자리가 본인의 노력과 능력으로 성취한 것이라는 자부심까지 충만하다면, 자부심이 자괴감으로 바뀌며 자멸로 이르는 스톱워치의 스톱이 얼마 남지 않았겠지요.

기억하세요. 권력과 자리를 동일시할수록 그 사람은 권력을 자기만을 위해 쓸 가능성이 높다는 사실을요. 물론 말은 다르게 하겠지만요. 링컨이 알려주지 않았던가요. "사람의 성품은 권력이 주어졌을 때 가장 잘 드러난다."

존 프렌치John French와 버트램 레이븐Bertram Raven은 여기에다 2가지 권력을 추가합니다. 앞에서 말한 권력의 3가지 유형은 아미타이 에치오니Amitai Etzioni의 구분인데, 저는 개인적으로 프렌치와 레이븐의 5가지 유형이 더 마음에 듭니다. 에치오니의 3가지 유형에 추가된 2가지는 '전문적 권력expert power'과 '준거적 권력referent power'입니다. 전문적 권력은 어떤 분야의 전문성을 지닌 전문가의 몫입니다. 반면 준거적 권력의 근거는 더욱 포괄적인데, 누군가가 지닌 카리스마, 경외심, 호소력, 인간적인 매력을 모두 포함합니다.

어떤가요? 권력의 종류와 범위가 꽤 다양하고 폭넓지 않은가요? 이 대목에서 알아야 할 것은 프렌치와 레이븐이 추가한 권력들이 훨씬 더 오래 지속된다는 사실입니다. 자리에 따른 권력, 그로 인해 벌주고 상 주는 권력, 이런 권력들이 강렬하지만 계속 강력할 수는 없습니다. 자리는 바뀌는 것이고, 그 자리를 만들어준 남들의 선호는 더욱 빨리 바뀌는 것이 세상의 이치니까요. 신이 부여한 왕권도,

왕이 부여한 권좌도 영원하지 않았습니다. 왕에 대한 신의 신뢰, 신
에 대한 사람들의 믿음, 이런 것들도 바뀌고 바뀌는 판에 하물며 범
인들의 속세는 오죽하겠습니까.

선택받은 자

권력의 3가지 유형과 5가지 유형을 대비해 보면서, 단박에 느껴지는 게 있었을 겁니다. 대다수의 사람들이 대부분의 경우에 떠올리는 권력은 오래가기 어렵습니다. 그래서 더더욱 권력에 대한 부정적인 시각이 뿌리 깊은 모양입니다. 오히려 개인에게 고유한 권력, 즉 전문적이거나 준거적인 권력을 얻고 쌓는 데 역점을 두는 것이 현명하다는 걸 알아챘겠죠.

그러나 권력의 실체를 파악하기 위해 조금 더 들어가 보아야 합니다. 3가지든 5가지든, 자리에 근거하든 개인에 근거하든, 모든 권력은 사람들 사이의 일입니다. 저와 여러분, 여러분과 사람들의 문제입니다. 권력자에게는 권력을 행할 사람이 필요합니다. 권력을 사용하고 부릴 사람들이 있어야 권력, 권력자가 존재할 수 있으니까요. 그렇습니다. 권력은 곧 관계입니다. 상대가 없다면 권력의 존재가 없고, 상대와의 관계가 없다면 권력의 의미가 없습니다.

너무 당연한 얘길 왜 하느냐고요? 아닙니다. 우리의 역사, 그로 인한 우리의 관념에는 결코 당연하지 않습니다. 신권에서 왕권으로, 지금은 대통령이라는 유일무이 최고의 권력자를 쳐다보며, 권력자는 일반인과 다른 사람이라는 인식이 뿌리내립니다. 그들은 우리와는 전혀 다른 능력의 소유자라 여기는 인식이 커집니다. 그들이 우리와 다르다는 인식은 그들 존재의 절대성을 강화합니다. 절대적인 존재에 부가된 절대적인 권력에는 상대성이 결여되겠지요. 상대성의 불빛으로 드러나게 되는 관계의 윤곽이 희미해진다는 말입니다.

고전적인 리더십이론의 대표적 한마디는 "리더는 타고난다."입니다. '특성 중심 이론'이라 하죠. 타고난 리더의 선척적인 특성을 고찰하는 이론입니다. 물론 현대의 리더십이론은 다릅니다. 그렇지만 생각해보세요. 뉴스와 방송에서 조명 받는 유명인이나 연예인에게는 후광이 비칩니다. 길거리에서 우연히 마주쳐도 주변이 환해집니다. 그렇게 되기까지 그들이 바친 각고의 노력이 대견하기보다는 나와 비견하기 어려운 '선택받은 자'로서의 혜택이 부럽습니다. '우월한 DNA', '금수저, 은수저'를 얘기하며 그들을 절대적인 존재로 받아들입니다. 일부 소수의 특권, 즉 특별한 권력을 인정하는 순간 그들과의 관계는 멀어지고, 권력의 관계성은 희박해지는 것이죠.

권력은 누구에게나, 어디에나 있습니다. 권력은 소수의 자리나, 무소불위의 직책에 국한된 것이 아닙니다. 현자의 정의에 귀 기울여보세요. '관계에서 자신을 관철시키는 기회', '미래의 어떤 것을 위해 현재 가지고 있는 방법'이 아닙니까? 여러분은 직장에서, 모임에

존재론 _ 선택받은 자

관계론 _ 타인과의 관계를 통해 만들어지는 권력

서, 집에서, 권력을 추구하지 않습니까? 비즈니스 관계에서 미래를 위한 현재의 방법을 얻고자 하지 않나요? 우정이나 애정 관계에서 자신의 존재와 생각을 관철시키는 기회를 원하지 않나요? 권력이란 우리 모두가 인간관계, 사회적 관계에서 엄연히 추구하는 욕망이 아닌가요?

아닌 게 아니라면, 명심해야 합니다. 권력이 아주 특별한 어떤 사람들의 언어라는 생각이, 바로 그 생각이 별로 특별하지도 않은 사람들에게 권력을 쥐어준다는 것을. 특별하지 않은 그들이 마치 자신들 스스로가 특별하다고 생각하게 만든다는 것을. 그래서 그 특별하지도 않은 그들이 우리가 특별하게 모아준 권력을 남용한다는 사실을요.

권력은
관계 어디에나

권력이 저와 여러분, 특별하지 않은 우리 모두의 문제라는 사실을 인정해야 합니다. 권력, 그 수많은 권력이론이 남의 얘기가 아니었다는 사실을, 나를 위한 기회와 미래를 위한 방법이라는 사실을 기억해야 합니다.

사회적 관계에서 자신을 관철시키고 보다 나은 미래를 바라는 것은 인간으로서 자연스런 욕망입니다. 이렇듯 권력이 우리 모두의 '관계의 욕망'이라는 사실을 인정하는 순간, 권력에 가까이 다가가는 길이 보입니다. 아, 아직도 '권력에 가까이 다가가는 길'이라는 표현에 거부감이 느껴지나요? 그러지 마세요. 그런 마음으로 어찌 권력의 퀀텀리프를 논할 수 있겠습니까?

여기서 기억해둘 만한 포인트는, 우리가 권력의 실체를 일부 사람들에게만 해당되는 절대적인 무엇으로 제한하면 할수록, 권력에 대한 우리의 인식이 부정적으로 흐른다는 것입니다. 그럴수록 권력자는 특별하다 못해 특별히 부정한 자가 되고, 권력으로 가까이 다가가는 것은 부당한 일로 여겨지겠죠. 군사력, 공권력, 폭력…, 이런 단어들로 권력의 의미가 대체될 테고요.

차라리 권력을 '영향력'이라 해석하면 어떨까요? 다수의 학자들은 권력과 영향력이 다르다고 합니다. 저도 그렇게 생각하고요. 재독 철학자 한병철은 "영향력의 행사가 곧바로 권력으로 흘러가지 않는다."고 합니다. 모이제스 나임Moises Naim의 말이 더 이해하기 쉬운데, "영향력은 상황에 대한 인식을 바꾸지만, 권력은 그 상황을 바꾼다."고 하네요. 영향력에 실행력을 더한 게 권력이라는 뜻이겠죠. 그러고 보니 영화 '대부 3'에도 핵심을 찌르는 대사가 있군요. "금융은 총과 같고, 언제 방아쇠를 당길지 결정하는 것은 정치다." 누구나 압니다. 권력의 핵심이 금융에 있는지, 정치에 있는지요.

그래도 권력을 영향력이라 불러보자고 한 이유는, 권력에 드리워진 지나치게 어두운 면을 걷어내기 위함입니다. 이해되죠? 이해를 위한 것이니 이해 바랍니다. 권력에 대한 고상한 논지들을 학습하다 보니 아래와 같은 섬뜩한 구절도 있더군요. 한번 읽어보세요.

붙잡힌 쥐는 고양이의 폭력 아래 있다. 고양이는 결국 쥐를 죽일 것이다. 그러나 고양이가 쥐를 가지고 놀기 시작하면 다른 요소가 나타난다. 고양이는 쥐를 얼마쯤 도망치게 내버려두기도 하고 쥐에게서 등을 돌리기까지 한다. 그러나 다시 고양이에게 잡히게 되는 쥐는 여전히 고양이의 권력의 테두리 안에 있다. (중략) 고양이가 지배하는 공간, 고양이가 쥐에게

허용하는 희망의 순간들, 그러나 잠시도 눈을 딴 데로 돌리지 않는 면밀한 감시와 해이해지지 않는 관심, 그리고 쥐를 죽이려는 생각, 이것들 모두를 합친 것이 권력의 실체이다.

엘리아스 카네티Elias Canetti의 저서 《군중과 권력Crowds and Power》의 내용을 한병철이 《권력이란 무엇인가》에서 요약한 것입니다. 《군중과 권력》은 엘리아스 카네티에게 사실상 노벨문학상을 안겨준 작품입니다만, 여러분은 이 구절에 동의하나요? 아직도 권력을 폭력으로, 권력의 본질적 수단을 '공포'로 생각하고 있지는 않겠죠? 고양이와 쥐, 그리고 개와 정승집 개까지 동원해서 설명하고 설득하려 노력했습니다.

권력은 우리 모두의 욕망입니다. 인간이 사회적 동물이고 사회적 관계로 살아가는 존재이니, 인간의 본연적인 욕망은 모든 관계에 번져 있습니다. 그 관계의 욕망, 그것이 권력이 실체이니 더 이상 부정할 것 없습니다. 《차라투스트라는 이렇게 말했다》에서 니체는 이렇게 말했습니다. "나는 살아 있는 모든 것에서 권력을 향한 의지를 보았다." 그렇습니다. 그렇다면 보다 긍정적인 권력의 순기능을 찾아보아야 하지 않을까요? 급기야 권력의 도약이라는 욕망까지 품어야 하니까요.

권력의 실제
- 책임의 종말

　　좀 따분했나요? 정의와 유형이 나오고, 사회학자와 철학자들의 어록이 나열되었으니 고리타분하게 느껴질 수 있었겠지요. 하지만 좀 더 현실적인 문제에 다가가려면 고전적인 관점부터 시작하는 게 현명합니다. 폭넓은 사색에서 속 깊은 사고가 발현됩니다. 자신의 진정한 정체성은 타자와의 관계를 통하여 여무는 것처럼, 뭔가의 진정한 전문성도 타 분야의 교양을 통하여 영그는 것이죠. 머리에 정리된 실체를 통해 피부에 와 닿는 실제에 다가갈 수 있습니다. 그러니 조금 더 가볼게요.

　권력에 대한 견해로 근자에 주목받는 학자는 미셸 푸코Michel Foucault입니다. 그도 초기 저작에서는 권력에 대한 부정적인 인식을 표출합니다. 그러나 점차 이를 극복하면서 '권력의 생산성'에 주목합니다. 사람들이 권력을 받아들이는 이유는, 단지 권력이 행사하는 강제력 때문만은 아니라 합니다. 강제하는 외부의 힘으로만 보지 말자는 것이죠. 사회 내부의 관계망에 존재하는 역학으로서 권력을 바라보자고 합니다. 그러한 관계의 힘으로 본다면, 권력에는 긍정적 기능도 뚜렷하다고 말합니다. 질서를 생산하고, 담론을 생성하며, 심지어 쾌락을 산출하는 기능까지 있다는 것이죠.

어떤가요? '권력이 질서를 생산한다.'는 어구에 다다르면, 권력의 필요성이 어느 정도는 감지되지 않나요? 권력이 통솔하는 목소리를 통해 웅성거림을 명료히 하고, 통솔하는 힘으로 불협화음을 제거한다는 일각의 주장도 일면 수긍할 만하지 않을까요?

사실 근대사회에서 권력의 생산성에 대한 전제는 새로운 것이 아닙니다. 산업혁명 이후 우리가 살아온 산업시대의 조직논리는 그 전제를 전제하고 있다 해도 과언이 아닙니다. 그 뿌리를 튼튼하게 심은 이는 앞서 등장한 막스 베버입니다. 베버의 '관료제bureaucracy'를 짚고 넘어가야 할 것 같습니다. '관료', '관료적', '관료제'만큼 어감부터 딱딱한 용어도 없지만요.

'관료제'라는 용어를 가장 먼저 쓴 사람은 베버가 아니지만, 관료제를 현대 조직의 전형으로 개념을 정립한 사람은 그가 맞습니다. 사회가 발전하고 민주화되면서 사회집단의 규모는 커져갑니다. 산업이 발전하고 기계화되면서 기업집단의 규모도 커졌죠. 소위 '규모의 경제'를 추구하며 큰 집단은 더욱 커지기를 열망하고, '큰 자가 강한

위계질서

분업화 ➡

권력의 생산성 – 관료제 (계층적 위계질서와 전문적 분업화)

자'라는 명제를 공고히 증명해갑니다. 이런 바탕 하에서 관료제는 공고해집니다. 절대자인 신이나 왕의 절대권력이 한물간 근대사회에서, 대규모의 집단을 효율적으로 운영할 수 있는 주체가 관료이고, 그러한 조직체계로서 관료제가 정답이라는 게 베버의 생각입니다.

126

권력은 관계에서, 정확히는 관계의 욕망에서 잉태됩니다. 잉태되고 출산된 권력이 성장하는 현실의 모습은 '조직'입니다. 조직이 커지면 권력도 커지고, 권력이 커지면 조직도 더욱 커집니다. 그것이 현대사회의 조직과 권력의 성장방식이었죠. 기업은 대기업이, 대학은 종합대학이, 교회도 대형교회가 힘이 있습니다. 모두 큰 것을 선호합니다. 성장하여 큰 조직이 되면 힘이 있고, 힘이 있으면 죽지도 않는다고 믿습니다. '대마불사大馬不死'라 하잖아요.

관료제는 각종 명분을 득합니다. 베버가 사회학적으로 관료제를 띄웠다면, 관료제에 정치적인 정당성을 부여한 것은 미국입니다. 실제로 베버가 관료제를 확신한 신천지도 미국이었고요. 세계대전과 냉전시대의 승자로서 현대를 주름잡는 미국은, 다양한 인종과 다수의 연방정부를 내세우며 '기회의 땅'과 '아메리칸 드림'을 천명하고 있지만, 내면은 충분히 다릅니다. 미국이라는 나라를 알면 알수록 더 알게 되는 것은, 소수의 관료와 일부의 세력, 그야말로 '파워 엘리트'들의 나라라는 사실입니다. 이 대목에 대해서는 C. 라이트 밀스C. Wright Mills의 《파워 엘리트》와 《화이트칼라: 미국의 중산계급》을 참고해봐도 좋을 듯하네요.

경영사학의 개척자라 하는 앨프리드 챈들러Alfred Dupont Chandler는 미국의 발전은 미국 대기업의 성장에 의한 것이라 단언하면서,

대기업의 성장은 강력한 권력을 가진 경영자, 그 경영자의 '보이는 손'에 의한 것이라 선언합니다. 기업에서의 최고 관료인 경영자의 덕이라는 말이죠. 또 있습니다. 노벨상에 빛나는 경제학자 로널드 코스Ronald Coase는 '거래비용'의 논리로 관료제를 지원합니다. 남과의 거래비용을 줄이려면 가급적 내가 다 해야 하니 내 덩치를 키워야겠죠. 기업들이 지향해온 규모의 경제는 곧 관료조직의 경영으로 귀결되니 코스도 관료제의 후원자가 된 셈이죠.

관료제가
몰락한 이유

자, 이제 권력의 실제로 가볼 때가 되었습니다. 이렇게 사회적, 정치적, 경제적으로 철갑을 두르고 중무장한 관료제가 흔들리기 시작합니다. 수많은 정당성을 부여받았지만 원래 사람들은 관료제를 마음 깊이 받아들이지 않았던 것 같습니다. 신이나 왕은 원체 범접하기 어려운 존재니까 그들의 권력은 그렇다 치더라도, 따지고 보면 우리와 크게 다르지 않은 범인 관료들의 권력이 꼴사나울 때가 적지 않은 것이죠. 국가는 국민을, 기업은 직원을 위한다고는 하지만 불친절한 공무원과 오만한 경영자가 지천입니다. 국민과 직원의 마음에는 섭섭함과 미움이 쌓입니다.

감정의 문제만은 아닙니다. 조직의 효율성을 외치며 자리 잡은 관료제에 비효율성이 팽배해져갑니다. '파킨슨 법칙Parkinson's law'이라 하죠. 관료조직은 업무량과 관계없이 스스로를 확장하려는 경향이 있다는 법칙입니다. 이때 관료는 대명사 격인 공무원을 주로 지칭하지만, 이 법칙은 규모를 중시하는 현대 조직에 나타나는 공통적인 현상입니다. 권력을 확보하기 위해 권력을 행사하는 자리를 확장하는 것이죠. 기억나죠? 권력을 자리로 보는 관점이 어떤 연유에서 출발한 시각인지. 일을 위해 존재하는 자리가 아니라 권력 자체를 위해 존재하는 자리입니다. 효율과는 거리가 있습니다. 비대한 조직에는 태만한 관료가 넘칩니다.

현대 조직사회의 대세인 관료제의 양대 특성은 계층적인 위계질서와 전문적인 분업화입니다. 어떠세요? 계층과 분업이 엄연한 조직에서는 자리의 고유성이 부각됩니다. 직책의 절대성이 부각됩니다. 그렇지 않은가요? 자리와 절대성이 두드러진 권력의 뒷모습은 어둡습니다. 권력의 생산성으로부터 멀어져갑니다.

규모 키우기에 급급했던 관료제가 이렇게 저렇게 공격을 받습니다. 연이어 잽을 맞더니 드디어 회심의 어퍼컷을 얻어맞습니다. 강력한 한 방에 휘청휘청하고 있습니다. 그 한 방은 바로 인터넷입니다. 인터넷으로 권력은 우리가 직면한 실제의 모습으로 환골탈태하게 됩니다.

인터넷은 사람과 사람을 무차별하게 연결합니다. 이제 사물과도, 사물끼리도 연결하는 사물인터넷으로까지 범위가 넓어졌습니다. 연결한다는 것, 연결의 의미는 무엇일까요? 다시금 관료제의 핵심인 '계층적 위계질서'와 '전문적 분업화'를 떠올려보세요. 계층이 있고 계층 사이에는 엄격한 질서가 있습니다. 분업이 되어 있고 각 업무에는 뚜렷한 전문성이 있습니다. 관료제는 엄격하고 뚜렷하게 구분된 조직입니다. 소통의 통로가 제한된 조직입니다. 그런데 이들을 무차별하게 무작위로 연결한다는 것은 엄격함과 뚜렷함이 무너진다는 것이죠. 곧 관료제가 무너진다는 의미입니다.

그렇지 않습니까? 독재자는 국민들이 서로 소통하는 것을 금합니다. 일부에게 권력이 편중된 사회에서 특권층 혹은 중앙집권 조직은 대다수가 끼리끼리 연결되는 것을 두려워합니다. 이런저런 다른 이유도 있겠지만, 인터넷을 통한 소통과 연결 덕분에 관료제, 관료의 사회는 끝났습니다.

압니다. 끝났다고 하기에는 아직 섣부르다는 걸요. 우리가 목도하는 일상의 사회와 그 사회에서 권력을 행사하는 자들은 아직도 규모의 경제, 선망의 자리, 계층의 질서를 추구하며 안주하고 있습니다. 하지만 많은 권력이론에 단골로 등장하는, 다음과 같은 멋진 말을 음미해보아야 합니다. "강압적인 권력은 권력의 마지막 형태다. 어떤 권력이 테마화되고 있다면 그 권력은 이미 몰락하고 있는 것이다."

모두에게 '권력'이라 불리고 다뤄지는 권력은 이미 노쇠한 권력입니다. 진실로 강력한 권력을 우리는 권력이라 부르지 않습니다. 그저 당연하게 받아들이기 때문이죠. 굳이 그 권력이 이렇다 저렇다 왈가왈부하지 않습니다. 그러나 당연했던, 너무도 자연스러웠던 권력은 신에게서 왕으로, 왕에게서 관료로 오다가 이제 우리 개인에게로 왔습니다. 민주주의가 그러한 사상을 가져다주었다면, 인터넷이 그러한 실상을 가져다주었다고 할 수 있겠네요.

벽과 알

'미시권력micro power'이라 하더군요. 인터넷과 과학기술을 활용해 개인들이 활발하게 의견을 표출하고, 서로서로 원활하게 소통합니다. 미시권력은 이를 통해 확보한 개인의 영향력과 실행력을 지칭하는 것입니다. '대중권력'과는 맥을 달리 합니다. '개인이 모인 대중'이 아니라, '대중을 구성하는 개인'에게 부여된 권력의 색깔이 강합니다.

그러나 저는 미시권력이라 부르고 싶지 않습니다. 개인과 다수가 미시권력의 주체라면 마이크로한 우리 각자가 향유하는 권력은 아직 권력이라 부를 정도는 아닙니다. 앞으로도 크게 달라지지 않을 것이고요. 또한 지금까지의 막강한 권력을 무력화시키는 새로운 권력의 힘은, 결코 '마이크로'하지 않습니다. 이래저래 썩 내키지 않는 용어입니다.

뭔가 다른 분석, 다른 표현이 필요하지 않을까요? 이런 생각이 저를 전작 《매개하라》로 이끌었습니다. 《매개하라》의 부제가 '부와 권력의 대이동, 누가 움켜쥐는가?'입니다. 새 시대의 새로운 권력의 새로운 주인이 누구인지를 명확히 설명했습니다. 참고 바랍니다. 부연 설명을 대신하여 소설가 무라카미 하루키 얘기를 잠깐 하겠습니다.

평소에 친근감을 갖고 있던 무라카미 하루키에게 더욱 호감을 느끼게 된 계기가 있습니다. 2009년 2월 하루키는 이스라엘의 예루살렘상 수상자로 지명됩니다. 하지만 그를 사랑하는 많은 독자들이 그의 수상을 반대합니다. 예루살렘상의 원명은 '사회 속 개인의 자유를 위한 예루살렘 상'입니다. 그런 업적을 남긴 작가에게 주는 상인데, 당시 이스라엘은 가자지구Gaza Strip의 1,000명이 넘는 비무장 시민의 죽음에 책임이 있었거든요. 그래서 많은 이들이 하루키에게 상을 받지 말라고 종용한 것이죠. 하루키는 엄청난 반대를 무릅쓰고 이스라엘로 가서 상을 받습니다. 그리고 수상소감을 이렇게 밝힙니다.

내가 소설을 쓸 때 늘 마음속에 염두에 두는 것이 있습니다. '혹시 여기에 높고 단단한 벽이 있고, 거기에 부딪쳐서 깨지는 알이 있다면, 나는 늘 그 알의 편에 서겠다.' 아무리 벽이 옳고 알이 그르더라도, 그래도 나는 알 편에 설 것입니다. 옳고 그름은 다른 누군가가 결정할 일입니다. 혹은 시간이나 역사가 결정할 일입니다. (중략) 우리 모두는 정도의 차이는 있지만, 저마다 높고 단단한 벽과 마주하고 있습니다. 그 벽에는 이름이 있습니다. '시스템'입니다. 본래 그 시스템은 우리를 보호해야 마땅합니다. 하지만 때로는 그것이 저 혼자 작동하여 우리를 죽이고, 우리로 하여금 다른 사람을 살해하게 만듭니다. 냉혹하고 효율적으로, 그리고 체계적으로. (중략) 내가 이 자리에서 여러분에게 드리고 싶은 말은 그것뿐입니다.

하루키의 '벽과 알'이 잔잔하게 마음의 파도를 일으킵니다. 약하디약한 알이 깨질 것을 뻔히 알고서도 벽에 부딪힙니다. 약자에게 보내는 작가의 응원이겠지요. 강자와 약자, 권력 있는 자와 권력 없는 자, 약자가 만들어준 강자의 권력, 그 권력으로 약자를 더욱 약하게 만드는 강자…. 하루키는 그 모순을 지적하고 싶었겠지요.

그런데 말입니다. 약자를 지지하는 이는 비단 하루키나 지식인들만이 아닙니다. 우리 대부분의 심저에 엄연한 지지가 존재합니다. 이 미시한 지지들이 모여 거대한 응원이 됩니다. 약자를 응원하는 웅성거림이 또렷한 웅변으로 전환되고, 불협화음이 명료한 선율로 변환됩니다. 약자가 약자임을 알게 되면, 약자임이 다수에게 알려지면, 인터넷으로 퍼지고 공유되면, 그때부터 약자는 더 이상 약자가 아닙니다. 바로 그때가 중앙집권적이고 폐쇄적인 권력이 무너지는 순간입니다. 관료제와 관료사회가 무너지는 순간입니다. 특권층과 기득권층이 그들과는 다른 이들을 두려워하게 되는 순간입니다.

굳이 인터넷을 운운하지 않더라도, 세상의 오묘한 이치가 그렇습니다. 약자가 곧 강자가 됩니다. 약자가 곧 강자입니다. 노자도 말하지 않았습니까. "내세우지 않기 때문에 권력이 있고, 대항하지 않기 때문에 누구도 그에게 맞서지 않는다."라고요.

사랑과
평화

   그렇다면 생각해볼 일입니다. 약자가 강한 이유가 무엇일까요? 약자가 옳고 정의로워서인가요? 꼭 그렇지만은 않은 것 같습니다. 그렇다면 왜 약자가 힘이 있을까요? 없던 힘과 권력이 어떻게 갑자기 생길까요? 그것은 잃을 것이 적기 때문입니다. 잃을 것이 적으니 그의 것을 빼앗으려고 공격하는 자가 적습니다. 공격 받지 않으면 힘을 비축할 수 있고 떳떳함이 충만해집니다. 주변에서들 보았겠죠. 아예 잃을 것이 없는 사람의 목소리가 가장 큽니다. 잃을 것이 없는 사람은 가진 것이 없고, 가진 것이 없으면 책임도 없습니다. 책임질 일이 없습니다. 책임. 관건은 바로 '책임'입니다.

  권력이 소수로부터 대다수에게로, 절대권력으로부터 (마음에는 안 들지만) 미시권력으로, 절대적 강자로부터 상대적 약자에게로 흘러가고 있습니다. 권력이 이동합니다. 권력의 대이동을 찬찬히 뜯어보면, 권력이 어떻게 본질적인 실체에서 현실적인 실제로 변모하는지 알 수 있습니다. 권력이 모진 격랑에 휩싸이며 이동할 때 쓸려 내려가는 것은 '책임'입니다. 책임이 떨어져 나갑니다. 그렇습니다. 권력이 이동하면서 권력의 실제에서 책임이 점차 소멸됩니다. 권력은 있되 책임은 없어진다는 겁니다.

모두의
권력

개인,
그 누구의
것도 아닌
권력

모두의, 그러나 누구의 것도 아닌 권력

어불성설이라고요? 권력과 책임은 같이 가야 한다고요? 권리와 의무는 함께 있어야 한다고요? 동전의 양면이라 해도 어차피 한 동전에 같이 붙어 있어야 하는 것 아니냐고요? 다 구시대적 발상입니다. 관료제가 횡행하던 시대의 통념입니다. 계층과 분업으로 구획 짓던 관료제가 답답하기는 했으나, 명쾌한 것도 있었습니다. 바로 명쾌한 '책임소재'입니다. 권력을 가진 자에게는 그에 상응하는 책임을 물을 수 있었습니다. 그러니 그러한 시대를 살아온 우리는 권력과 책임을 동의어 아닌 동의어로 생각했던 것이죠.

권력의 실체는 '관계의 욕망'이라 했지요. 사회적 동물인 인간의 원초적 욕구가 권력입니다. 권력은 사라지는 것이 아닙니다. 인간이 존재하는 한 권력은 존재합니다. 누가 소유하느냐, 어떠한 모습으로 변질되느냐의 문제이지 권력 자체, 즉 권력의 실체가 바뀌는 것은 아닙니다. 단지 실제의 모습이 그때그때 바뀔 뿐입니다.

인터넷으로 촉발된 표현과 표출, 소통과 분출의 혁명 이후, 권력은 더 이상 특정한 일부의 것이 아닙니다. 모두의 것이기도 하고, 모두의 것이 아니기도 합니다. 모두에게 흩뿌려져 있지만 그 누구도 혼자 주어 담을 수 없는 것이, 지금 세상의 권력의 실제 모습입니다. 누구도 주어 담아야 하는 책임이 없습니다. "아무도 홍수의 책임이 빗방울에 있다고 생각하지 않는다."고 하잖아요. 약자가 얻은 권력은 강자의 그것과 다른 양상입니다. 책임이 빠져 있습니다.

책임이 없기에 대다수의 약자가 권력을 얻게 되었다고도 볼 수 있겠지요.

우리는 너무나 당연하게 권력과 책임을 한통속으로, 한통속에서 보았습니다. 그러나 이제는 아닙니다. '사랑과 평화.' 기가 막힌 쌍이자 천생연분 짝 아닌가요? '세비야의 이발사'를 쓴 피에르 보마르셰Pierre Beaumarchais는 우리에게 묻습니다. "사랑과 평화가 한 가슴 속에 공존할 수 있는가? 청춘이 행복하지만은 않은 것은, 이 끔찍한 선택을 해야 하기 때문이다. 평화 없는 사랑, 사랑 없는 평화 중 하나의 선택 말이다."

어떻습니까? 여러분은 책임 없는 권력, 권력 없는 책임 중에서 하나를 택한다면 무엇을 고르겠습니까? 주저 없이 골랐다면 이해할 것입니다. 지금까지 꾹꾹 눌러 참고 참았던 말, 힘주어 하고 싶었던 말, 그 말을 하겠습니다. 지금의 세상, 앞으로 다가올 세상에서 권력의 실제는 '책임의 종말'입니다.

어떻게 권력의 도약을
이룰 것인가?

부자의 3가지 레벨, 하수, 중수, 고수 기억나죠? 권력자에도 3가지 등급이 있습니다. 이번에는 중수의 권력자부터 얘기하겠습니다. 일반적인 권력자입니다. 우리가 상식적으로 생각하는 유형으로, 권력도 있고 그에 따르는 책임도 있습니다. 하수는 다릅니다. 권력자라고 부르기도 뭣한 권력자이죠. 책임만 있습니다. 책임질 일이 있는 걸 보니 과거에는 합당한 권력도 있었겠지요. 그러나 지금은 희미해진 권력의 추억을 안고 책임만 짊어지고 살아가는 자들입니다. 주변을 살펴보면 적지 않습니다. 어쩌면 저나 여러분일 수도 있고요.

고수의 권력자는 '책임 없는 권력'을 행사합니다. 얄미워 보일 수 있는 이 권력자는 진정한 고수입니다. 권력을 휘두르되 상응하는 책임은 남의 몫입니다. 예로부터 진정한 권력자는 책임이 없었습니다. 왕의 실정은 신하가 책임지고, 양반의 실수는 천민이 책임집니다. 신이 강림하지 않았다면 신을 믿지 않은 인간 탓입니다. 현대

하수 ▽   중수 ▽   고수 ▽

책임
권력

책임
권력

책임
권력

권력 없는 책임   책임 있는 권력   책임 없는 권력

권력자의 3가지 레벨

기업과 조직에서도 최고 의사결정자의 웬만한 잘못은 책잡히지 않는 법이죠. 책임의 굴레에서 벗어남으로써 권력자는 고수의 훈장을 달게 됩니다. 빛나는 훈장으로 후광이 찬연한 그들에게 우리는 책임 운운할 생각마저 잊어버립니다.

이쯤에서 다시금 진정한 권력이 무엇인가를 생각해봅니다. 폭력이든 완력이든, '관계에서 자신을 관철시키는 기회' 또는 '어떤 것을 획득하기 위하여 인간이 가지고 있는 방법'이라고 했죠? 이런 정의에 '책임'이라는 말은 빠져 있습니다. 책임은 그저 우리가 권력에 붙인 꼬리표일 뿐이죠. '세상에 공짜는 없다.'는 만인의 도덕률이 작용한 결과이기도 하고요.

신과 왕을 대체한 사회의 지배구조로 관료제가 흥행하며 권력과 책임의 합치는 더욱 공고해진 듯했습니다. 앨빈 토플러는 관료제를 '칸막이방'으로 규정지었죠. 관료제를 구성하는 관료들은 자신에게 할당된 칸막이방에 걸맞은 권력을 행사합니다. 칸막이가 명확할수록 관료의 역할과 권력의 분배는 명료해집니다. 그러니 권력의 행사에 따른 결과, 결과에 따른 책임소재도 명확해지겠죠. 그리하여 권력과 책임은 본의 아니게 동거커플이 됩니다.

　그러나 관료들의 권력도 그 수준과 질이 제각각 천차만별입니다. 조직의 계층 위로 올라갈수록 상위관료는 하위관료들을 지휘하고 그들의 권력을 흡수합니다. 물론 그만큼 책임의 범위는 넓어진다고 하죠. 하지만 생각해보세요. 부하의 잘못을 책임지는 상사의 책임은 '도덕적 책임'에 가깝습니다. 도덕적 책임을 지고 물러나는 이들의 모습은 무척이나 떳떳합니다. 도덕적이니까요. 앞서 언급한 용어를 되살리자면, '합법적 권력'을 잃는 대신 '준거적 권력'을 획득하는 모양입니다.

　상위 권력자는 정교한 책임회피 방법도 만들어냅니다. 이른바 '권한위임', '임파워먼트empowerment'입니다. 부하에게 업무상의 재량을 부여합니다. 급변하는 시장과 고객의 다양한 요구에 부응한다는 명목으로, 또 조직 구성원들에게 주인의식과 동기부여를 준다는 기치로 사용됩니다만, 따져보면 다른 속내가 있습니다. '권한위임',

'권력이양'이라지만 사실은 '책임이양'입니다.

"전장에 나온 장수는 왕의 명령을 따르지 않아도 된다."고 하죠. 전쟁 후의 양상은 둘 중 하나일 겁니다. 전쟁에 승리하면, 장수에 대한 칭찬을 뒤덮는 것은 그를 믿고 전쟁에 내보낸 왕에 대한 칭송입니다. 모두 성은이 망극합니다. 반면 전쟁에 패하면, 장수는 목을 내놓아야 합니다. 책임은 오롯이 장수에게 있지요.

기업경영에서 자주 등장하는 '사업부제', '독립채산제'도 핵심은 '알아서 먹고 살아라.'입니다. '손해 보면 알아서 감당하되, 이익이 나면 알아서 내놔라.' 이런 식입니다. 상위의 권력자는 아래로 책임을 떠넘겼지만, 권력까지 다 준 것은 아닙니다. 맘만 먹으면 어떤 식으로든 임파워먼트한 권력을 통째로 다시 가져올 수도 있고요. 권력의 상위계층으로 올라가면 갈수록 더욱 다양한 방법들이 마련되어 있습니다. 최상위 권력자는 현실적인 책임에서 자유롭습니다. 그들이 표명하는 책임은 기껏해야 '부덕의 소치' 정도겠죠.

이제 책임은
어디로?

관료제가 무너지고 있습니다. 그나마 버텨온 '책임의 소재'도 불분명해지고 있습니다. 권력이 특정 일부에서 불특정 다수에게로 분산되고 이양됩니다. 모두의 것 같아 보이지만, 그 누구의 것도 아닌 권력의 모양새입니다. 정확히 말하자면, 모두의 권력, 그러나 누구도 책임지지 않는 권력입니다. 상식을 깨뜨리고 고정관념을 무너뜨립니다. 어찌해야 할까요? 나를 관철시키고, 나의 미래를 위한 현재의 방법이 권력인데, 이제는 눈앞에 보이고 손끝에 미칩니다. 이것을 어떻게 움켜쥘 수 있을까요?

게다가 '4차 산업혁명'이라 합니다. '혁명의 시대'라네요. 인공지능과 로봇이 들이닥치고 있습니다. 인공지능이 처방하고 로봇이 수술합니다. 인공지능이 사람도 뽑고 투자도 합니다. 로봇이 운전도 하고 공장도 돌립니다. 그런데 만일 무언가가 잘못되면 누구의 책임이죠? 누군가가 인공지능을 개발하고 로봇을 소유합니다. 누군가는 인공지능과 협업하고 로봇과 협력합니다. 인공지능과 로봇이 실수하면 누구의 잘못이죠?

책임은 방황합니다. 서로가 서로에게 '책임 권하는 사회'이다 보니 책임은 갈 곳을 잃었습니다. 우리의 머리 위로 둥둥 떠다니는 책임이 누군가에게 날벼락으로 떨어지겠지요. 이러한 혁명적 혼란의 시대에, 우리는 어떻게 권력을 얻을 수 있을까요? 어떻게 하면 권력의 퀀텀리프를 이룰 수 있을까요?

고수의 권력자가 길을 알려줍니다. '책임 없는 권력'을 획득한 그들의 방식을 면밀히 답습할 필요가 있습니다. 높은 지위에 있는 분들에게 직접 연락하기는 쉽지 않습니다. 명함에 직통 핸드폰 번호가 쓰여 있는 경우도 드물잖아요. 그분들과 얘기를 좀 하려면 개인 비서가 나서고 담당부서가 가로막습니다. 이래저래 용건을 말하면 이리저리 답변이 건네져옵니다. 적절한 이유를 동반한 우아한 거절이 다반사이지요. 그러다 어쩌다 우연한 기회로 높으신 분과 직접 얘기할 기회가 생기면, 그분들은 화들짝 놀라며 "그런 일이 있었느냐? 다 비서와 담당부서가 알아서 처리했던 일이다."라는 핑계 아닌 핑계를 댑니다.

친구에게 돈 빌려달라고 하면 돈관리는 집사람이 한다 하고, 후배에게 자료 좀 구해달라고 하면 자료관리는 상사가 한답니다. 해줄 마음이 있다면 방법이 없진 않을 텐데요. 꼭 높은 사람이 아니더라도 우리는 다른 이를 내세우는 경우가 있습니다. 비서, 집사람, 상사는 모두 자신을, 자신의 생각을 대신하기 위해 등장한 인물입니다. 마음이 있거나 마음에 들면 하고, 마음이 없거나 마음에 들지 않으면 안 하기 위해 내세우는 인물들이죠. 이 인물들을 활용해 주어진 권리는 유지하고 의무는 가급적 회피합니다. 이러한 대행자를 들먹이는 것은, 또 임파워먼트를 운운하는 것은, 바로 '책임 없는 권력'을 확보하기 위함입니다.

앞에서 강조한 바 있습니다. 폭력은 강해 보이지만 강한 권력이 아닙니다. 대항하는 자들을 제압하기 위한 마지막 방법이자 권력을 지키는 마지막 수단입니다. 많은 이들의 웅성거림을 덮으려 애쓰는 권력입니다. 특정 권력이 사람들의 입에서 회자되면 이미 그 권력은 몰락의 과정에 들어선 것이라 하지 않았습니까? 가장 강력한 권력은 모두가 당연시합니다. 신을 섬기고 왕을 모시는 데 무슨 이유가 필요합니까? 그냥 섬기고 모시는 존재죠.

권력은 상대에게 미치는 영향력이자 상대를 본인이 원하는 대로 하게 하는 실행력입니다. 물론 폭력이나 완력을 쓸 수도 있겠지요. 그러나 가장 강력한 권력은 상대의 내면에 당연시되어 있는 권력입니다. 본인이 원하는 것을 상대가 자발적으로 하게 하는 것입니다. 당신이 원하는 것을 상대가 마지못해 하는 것과 기꺼이 하는 것은 천양지차입니다. 더 나아가 여러분이 그렇게 해주기를 원한다는 사실을 알든 모르든 관계없이, 상대가 그저 스스로 해야 할 일로 내면화하고 있다면, 당신은 가장 강력한 권력을 쥐고 있는 것입니다.

배보다는
바다

　이제부터가 진짜 중요한 내용입니다. 권력의 도약을 이루기 위한 주요한 논지입니다. 기억하나요? 부의 퀀텀리프를 위해서, 엄청난 부의 도약을 위해서는 '남의 시간을 자기의 시간처럼 써야 한다.'고 했습니다. 마찬가지로, 권력의 퀀텀리프를 위해서도 남의 것을 써야 합니다. 그것은 바로 남들의 의지, 자유의지입니다.

　권력이 남의 자유를 제한하는 것이라는 발상은 전근대적입니다. 아니 근대까지도 유효했을지 모르겠습니다. 그러나 지금은 결코 아닙니다. 모든 이에게 자유는 절대가치이고 모든 사회에서 자유는 절대선善입니다. 남의 자유를 존중하고 자유의지를 인정하되 활용할 수 있는 방안을 모색해야 합니다.

　남들이 자유롭게 자신의 의지에 따라 맘껏 활동하게 합시다. 그 활동이 저와 당신이 바라는 기회와 가치를 증진시키는 활약이라면 만사 오케이입니다. 그러한 방법을 찾아야 합니다. 그렇다면 가능해집니다. 당신만이 아닌 남들이 당신의 권력을 위해 애씁니다. 수많은 사람들이 그들의 자유의지로 애씁니다. 더 많은 사람들이 더욱 많은 의지로 애쓸수록, 당신은 더더욱 많은 권력을 움켜쥐게 됩니다. 그럴 수만 있다면요.

비서, 집사람, 상사의 존재는, 그들이 실제로 표방하거나 표방하리라 예상되는 의지는, 성가신 것을 제거해줍니다. 하고 싶은 것만 하게 해주고 하기 싫은 것을 피하게 해줍니다. 세상의 많은 사람들의 존재나 그들의 의지를 활용할 수 있다면, 권력의 퀀텀리프가 다가온 것입니다. "당신이 배를 만들고 싶다면, 사람들에게 목재를 가져오게 하고 일을 지시하고 일감을 나눠주는 일에 골몰하지 말라. 대신 그들에게 저 넓고 끝없는 바다에 대한 동경심을 키워줘라." 생텍쥐페리가 일러줍니다. 남의 의지로 도약을 이루라고요.

혹시 프랜차이즈 가맹계약서를 본 적 있나요? 은퇴 후를 생각해보았다면 빵 굽고 떡 볶고 닭 튀기는 모습을 한 번쯤은 떠올려보았겠지요. 꼭 악덕 프랜차이즈가 아니더라도 가맹계약의 본질은 이렇습니다. '가맹점은 열심히 일한다. 가맹점에서 수익이 나오면 본사와 나눈다. 만일 가맹점에서 손해가 발생하면 그건 가맹점 몫이다.' 좀 나쁘게 말하면 '내 돈은 내 돈이고, 네 돈도 내 돈이다.'입니다. 물론 본사의 입장에서요.

프랜차이즈는 플랫폼의 대표적 형태입니다. 현대 기업경영의 대세, 그 플랫폼 말입니다. 플랫폼을 만들어 판을 깔고 장을 엽니다. 많은 이들이 판에 뛰어들어 열심히 일합니다. 자신을 위한 자유의지에 의해서입니다. 단, 얻는 것은 플랫폼과 나누어야 합니다. 장을 열어주었으니까요. 그러나 잃을 때도 있습니다. 그것은 오로지 판에 뛰어든 자신들의 몫입니다. 좋아서 선택한 자유의지였으니까요. 어떻습니까? 플랫폼이 대세가 된 이유는, 그것이 엄청난 부와 권력을 끌어모으는 연유는, 기본적으로 권리는 강하고 의무는 약하기 때문입니다. 권력은 있지만 책임은 없기 때문입니다.

이제 더 근원적으로, 더 현실적으로 권력의 퀀텀리프에 다가갈 시간이 되었습니다. 다음 문장을 기억하세요.

"통統: 소유하지 말고 통제하라"

음악을 좋아하다 보니 참 많이 소유하고 있습니다. 한동안은 엄청난 양의 LP를 소장하고 있었고, 그 부피와 관리의 번거로움을 감당하기 어려워 지금은 엄청난 양의 mp3 음원을 소유하고 있습니다. 사재기 해놓은 책들과 함께 노후준비 다 했다며 떵떵거리고 있지만…. 글쎄요, 누가 요새 음악을 그렇게 듣습니까? 좋아하는 채널, 장르, 아티스트, 그리고 적절한 무드까지 선택해서 '스트리밍'해서 듣죠. 누가 요새 저처럼 핸드폰에 메모리카드까지 꼽아가며 수천 곡의 음원을 들고 다닌답니까? 그냥 스트리밍해서 듣지요.

그것이 '통제'입니다. 소유하지는 않았지만 마치 소유한 것처럼,

필요할 때만 소유한 것처럼 쓸 수 있는 것, 그것이 통제하는 것입니다. 그것이 제가 의미하는 '권력의 도약'으로 가는 길입니다.

'소유'를 아주 호감이 충만한 단어라고 보기는 어렵습니다. 왠지 탐욕스럽게도 느껴지죠. 하지만 소유하고자 하는 마음은 인간의 기본적 욕구입니다. 소유를 해야 가진 것이 많아져 부를 얻고, 소유를 해야 할 수 있는 것이 많아져 권력을 얻는다고 믿습니다. 대다수의 우리는 실제로 그렇게 살아왔으며, 그것이 속세의 삶입니다. 법정 스님 같은 분이 아무리 '무소유'를 외쳐도, '참 좋은 말이구나. 참 좋은 분이구나.' 하고 생각하다 다시금 세상을 마주하면 새하얗게 까먹는 것이 우리네 일상입니다.

그렇지만 새롭게 다가온 현실에서는 더 이상 그렇지 않습니다. '공유'의 사상이 만연하고 공유의 비즈니스가 만개하고 있습니다. 집안의 재산목록 1호, 2호라 부르는 것들이 있었습니다. 집과 자동차죠. 하지만 요새 최고로 잘나가는 공유 비즈니스는, 바로 그 재산 1호, 2호에 대한 것입니다. 세상이 바뀌고 있습니다. 무조건적으로 지향했던 소유가 이제는 지양해야 하는 대상이 되고 있습니다.

왜 그럴까요? 기본적인 욕구인 소유욕에 대해 우리는 왜 점점 쿨해지고 있을까요? 무소유의 정신? 남들에 대한 나눔과 배려? 그런 것 때문은 아닐 겁니다. 평범한 우리가 쿨해지는 이유는 너무나 뻔

합니다. 소유하면 비용이 발생하니까요. 소유하면 책임져야 하니까요. 소유하지 않았지만 필요할 때 소유한 것처럼 쓸 수 있다면 비용을 줄일 수 있습니다. 그리고 어차피 소유한 것이라면 남과 공유함으로 해서 수익도 얻을 수 있습니다. '하', '허' 달린 회사차를 쓰면 내 돈 나갈 부담이 없고, 놀고 있는 내 차를 셰어링하면 부수입도 생기니까요.

인간의 관계에서도, 인간관계 속 권력에서도, 소유하지 말고 통제해야 합니다. 관계를 소유하고, 관계를 규정짓는 역할을 소유하고, 관계의 역할로 파생되는 업무를 소유하는 것에 대해 다시 생각해보아야 합니다. 꼭 내 것이어야 하고, 나의 고유한 역할과 업무여야 하나요? 그런 식으로 상대와의 관계가 정립되어야 한다고 생각하나요?

소유로 밀착된 관계에서 권력구도는 뚜렷합니다. 비용과 책임도 그만큼 뚜렷합니다. 그것으로 족하다면, 제한된 관계에서 구가할 수 있는 그 정도의 권력으로 만족한다면 제 얘기를 더 들을 필요가 없겠지요? 그러나 세상의 모든 일이 관계입니다. 관계에서 추구하는 기회와 방법이 권력이고요. 세상이 변하고, 관계가 변화하고, 권력이 요동치고 있습니다. 소유하고 있는, 밀착한 몇몇 관계로만 세상을 살아갈 수 없다면, 다시 제 이야기로 돌아와야 합니다. 소유하지 않고 통제함으로써 권력의 확장을 이루는 데 관심과 노력을 집중해야 합니다.

필터링
또는 룰링

권력의 퀀텀리프를 위해 통제의 방법을 곱씹어보도록 하죠. 천천히 씹어 꿀꺽 삼킬 만한 통제의 핵심 2가지만 설명하겠습니다. 새로운 통제방법에 대한 것입니다.

이전의 전통적인 통제수단은 '필터링filtering'입니다. 필터링은 거르는 것입니다. 저와 여러분 사이에 그가 있다면, 그는 필터링을 할 수 있습니다. 자신의 입맛과 상황, 때론 이익에 맞게 저와 여러분 사이의 소통을 차단하고 오가는 정보를 거를 수 있다는 뜻이지요. 왕과 백성 사이에 신하가 있고, 대통령과 국민 사이에 관료가 있습니다. 신하와 관료가 권력을 쥘 수 있었던 것은, 사이에 끼어들어 있기 때문입니다. 필요에 따라 거르고 고릅니다. 그로써 백성과 국민 앞에 우뚝 섭니다. 필터링으로 우리를 통제한 것이죠.

말했죠? 전통은 무너졌고 관료제도 무너지고 있습니다. 인터넷을 위시한 수많은 소통의 수단들로 인해 필터링은 무력해지고 있습니다. 물론 아직 버티고 있는 구닥다리 권력에서는 아직도 유효한 방법이지만요. 현대 미디어 개념의 정립자 마샬 맥루한Marshall McLuhan은 "새로운 미디어가 출현하여 확산된다는 것은, 곧 새로운 시대가 도래했다는 것을 의미한다."고 했습니다.

필터링 _ 둘 사이를 가로막음

룰링 _ 연결방식과 규칙을 정함

인터넷 미디어가 일상과 생활이 되어버린 지금, 구시대의 발상은 의미가 없습니다. 아이러니컬한 것은, 맥루한이 그토록 중시했던 매스미디어의 시대도 끝났다는 사실이죠. 매스미디어야말로 세상과 우리 사이에 떡하니 자리 잡고, 그들이 보여주고 싶은 것, 들려주고 싶은 것만 '필터링'하며 득세했었습니다. 구시대의 구닥다리 권력의 전형이라 하겠네요.

새로운 시대의 새로운 통제의 방식은 필터링이 아닌 '룰링ruling'입니다. 룰, 즉 '규칙을 만들어 지배하는 능력'이라 할 수 있습니다. 연결의 시대잖아요. 초연결사회라고도 하고요. 연결이 많으면 길이 많아집니다. 길이 많아지면 딱히 '길목'이랄 게 없습니다. 길목을 지킬 수 없으니 필터링이 마땅치 않습니다. 수많은 연결과 길, 길목과 통로를 다 차단할 수는 없으니까요.

생각해보세요. 권력이 많은 이들에게로 내려왔습니다. 많은 이들이 다양하게 연결되고, 또 스스로 연결하고 있습니다. 이럴 때 가장 강력한 통제의 도구는 무엇일까요? 그것은 다수의 사람들과 다양한 연결들을 수렴하는 힘, 바로 '룰'입니다. 엄밀히 표현하면 '룰링'입니다. 룰을 만드는 입장과 행위라 하겠지요. 그렇습니다. 룰 자체보다는 룰을 만드는 역할입니다. '룰rule보다 롤role'이라고나 할까요.

연결이 증폭될수록 개인화는 심화됩니다. 혹시 연결사회의 다른 말이 개인주의사회라면, 이해가 되나요? 개인에게 더 많은 연결이 생긴다는 것은, 개인 각자가 그 연결들의 중심에 선다는 뜻이고, 그렇게 되면 개개인이 더욱 부각됩니다. 그런데 많은 연결이 많은 사회성을 담보하지는 않습니다. 오히려 정반대죠. 연결의 중심에서 자신을 외치는 것, 그것이 초연결사회가 불러올 개인주의의 모습입니다.

그렇다면 더욱 그렇습니다. 개인적이고 다소 이기적이기도 한 개인들을 엮는 방법, 수도 없이 다양한 개인들의 요구와 욕구를 엮는 방법은 룰을 만드는 것입니다. 그들을 통해 권력을 확보하고, 그들의 자유의지를 활용해 권력의 도약을 이루려면 '룰링'을 해야 합니다. 그런 입장과 역할에서 손 놓지 않는 데 총력을 기울어야 합니다. 비즈니스 플랫폼이든, 가맹점 사업이든 마찬가지입니다. 조직관리든, 사적인 모임이든 룰을 만드는 사람이 되어야 통제가 가능합니다. 명심하세요. 남에게 룰링을 양보하는 것은, 아예 룰이 없는 것만 못하다는 것을.

꼭 기억해두어야 할 신기한 사실은, 지금 세상의 부와 권력은 양상이 정반대라는 것입니다. 부가 집중되고 있다면 권력은 분산되고 있습니다. 분산된 권력을 끌어 모으는 방법은 룰링입니다. 분산되어 있으니 책임질 필요가 없는 막강한 권력을 움켜쥐는 방법입니다.

신비
또는 의존

또 하나 기억해야 할 통제의 공식은 '의존dependency' 입니다. 이것 역시 이전의 방식과는 상반됩니다. 전형적인 권력의 공식으로 아직도 입지가 탄탄한 '신비mystery.' 마키아벨리의 《군주론》에서 세인들의 뇌리에 가장 강렬하게 박힌 구절은 '군주가 신민에게 사랑과 경외심을 동시에 얻는 것이 가장 이상적이지만, 굳이 둘 중 하나만 골라야 한다면 그것은 경외심이다.'입니다. 권력의 가장 소중한 원천은 경외감, 즉 신비라는 것이죠.

범접할 수 없는 군주, 맞먹을 수 없는 관료, 넘볼 수 없는 유명인, 언감생심 연예인…. 그들 모두에게는 신비감이 있습니다. 그 신비감이 그들을 보호하기도 하죠. 그러니 그들은 존재와 부재를 교차하며 우리에게 신비감을 심어주기에 급급합니다. 하지만 더 강조하지 않아도 되지 않을까요? 이번 장 내내 침 튀기며 얘기했습니다. 이제 '선택받은 자'들의 시대는 끝났다고요. 그저 끝자락일 뿐이라고요. 통제를 위한 다른 방편이 필요합니다. 멀리서 바라만 보게 하는 '신비'보다는, 가까이 다가오게 해서 '의존'하게 해야 합니다.

대중권력, 미시권력이라는 개념만으로는 충분치 않지만, 여하튼

많은 사람들에게 권력이 주어지고 있는 것은 분명합니다. 그들이 연결됩니다. 연결되면 연결될수록 비밀은 없습니다. 비밀이 없는데 무슨 경외심이고 신비감입니까? 보통사람들의 권력은 대중을 멀리 떨어지게 하기보다는 가까이 오게 해야 합니다. 의존하게 해야 합니다. 각종 룰에 의해 나를 버릴 수 없게 해야 합니다. 이해관계 때문에 당신을 떠날 수 없게 해야 합니다. 애매모호한 연결이 아닌 명백한 연결로 많은 이들 속에서 당신의 입지가 확고부동해야 합니다. 그러한 방식으로 상대방과의 관계를 통제해야 합니다.

루이 11세는 술수에 매우 능한 사람이었습니다. 술수를 좋아하니 측근으로 점성술사를 두기도 했습니다. 한 점성술사가 매우 용해 앞날을 척척 맞추는 재주가 있었습니다. 루이 11세는 심지어 그에게 경외감과 신비감마저 느꼈습니다. 그리곤 생각하죠. '저런 능력을 가진 자를 살려둘 수는 없어. 언젠가는 나를 해칠지도 몰라.' 급기야 그를 조용히 살해하기로 결심한 후, 루이 11세는 문득 호기심이 발동해 점성술사에게 질문을 합니다.

"미래를 그리 잘 아는데, 과연 너는 언제 죽을 것 같으냐?"

점성술사는 천천히 입을 엽니다.

"저는 폐하가 돌아가시기 사흘 전에 죽을 것입니다."

어떤가요? 결과는 말하지 않아도 알겠죠? 그 점성술사는 루이 11세보다 7년을 더 살았다고 합니다.

정승집 개 이야기로 시작했었습니다. 개는 원래 늑대였다죠. 어느 날 개는, 아니 늑대는 인간에게 다가옵니다. 위용을 포기하는 대신 안정적으로 음식을 얻습니다. 야생동물로서의 차가운 독립을 포기하는 대신 반려동물로서의 따뜻한 관계를 얻습니다. 들판을 달리며 포효하는 늑대의 모습이 아직도 권력의 전형인가요? 그래봐야 시베리아에서 떨고 있거나 동물원 철창신세겠지요.

권력은 폭력과 완력이 아닙니다. 일부 소수의 것도 아닙니다. 우리 모두의 것이고, 우리 모두의 관계에 관한 것입니다. 인간관계에 관심 있다면, 권력에도 관심을 기울여야 합니다. 권력이 대이동하는 지금, 바로 이 시점에서, 권력의 도약에도 귀와 마음을 기울여야 합니다. 소유하기보다는 통제해야 합니다. 늑대는 개가 되었고, 심지어 정승집 개가 되어 권력을 누립니다. 이제는 반려견으로 책임 없는 권력까지 구가하는 세상 아닙니까. 그렇다고 개가 되고 싶지는 않겠지만요. 아무튼 역시 개 이야기로 마치게 되었군요.

4

지식의
퀀텀리프

지식의 실체
- 자유의 관계

반전이라는 게 있습니다. 한자로 '反轉'. 뭔가 뒤바뀌는 것입니다. 서스펜스나 스릴러 영화의 단골소재이죠. 영화라면 '유주얼 서스펙트'나 '식스 센스'가 단박에 떠오릅니다. 알고 있던 사실이 무너지고 무너진 곳에 새로운 사실이 자리 잡습니다. 그런데 분명한 것은, 알고 있던 사실이 또렷할수록, 믿어왔던 지식이 뚜렷할수록, 새로운 사실이 자리 잡기란 쉽지 않습니다. 충격의 반전이 드러난 후, '정말일까?', '정말 그게 맞을까?'를 곱씹으며 되돌려보고 따져봅니다. 새롭게 알게 된 사실을 나름 거부해보는 심사죠. 결국은 받아들이며 체념이 여운으로 둔갑합니다.

게다가 '반전에 반전'이라면 어떨까요? 뒤바뀌고 또 뒤바뀝니다. 무엇이 사실이고 진실인지 혼란스러워집니다. 반전에 반전으로 자극과 스릴은 증폭되겠지만, 진실한 사실을 파악하는 데는 혼선이 드리워집니다. 겨우 받아들인 사실을, 지식을 다시 내쳐야 하니까요. 반전이 거듭된 영화의 마지막 결론은, 심지어 마지막이 아닌 것 같이 느껴지기도 합니다.

영화만은 아니겠지요. 세상의 많은 일들이 반전의 연속입니다. 착한 사람이 알고 보니 나쁘고, 더 알게 되니 진정 착합니다. 자기 중심적인 줄만 알았던 그가 남에게 봉사와 배려를 아끼지 않아 놀라웠는데, 알고 보니 그것조차 진정한 자기도취 행태였다는 걸 알게 됩니다. 그러면서 깨닫죠. '사람 참 모를 일이야.' 하며 사람 판단하기를 중지합니다. 그래도 딱 하나 알게 된 사실이 있다면, 그가 어떤 사람인지가 아니라, 그가 어떤 사람인지 알기가 참으로 어렵다는 것 정도일 것입니다.

새로이 안 사실이, 새로이 얻은 지식이 이전의 지식을 부정합니다. 반전을 거듭하며 지식이 쌓이지만 쌓이지 않습니다. 쌓이는 듯 쌓이지 않는 것이 지식입니다. 오히려 반전을 거듭한다는 사실, 우리가 알았던 지식에 절대성을 부여하기가 어렵다는 사실, 그 사실이 새롭게 얻어진 지식입니다. 그렇습니다. 우리가 이번에 주목하기로 한 지식 또한 만만하지 않습니다. 지식의 실체 역시 차분히 따져보아야 할 것 같습니다. 별로 유쾌하지 않은 얘기를 하나 해보겠습니다.

미국은 우리에게 특별한 나라입니다. 안 좋은 점도 있겠지만 멋진 모습도 적지 않은 나라이죠. 예를 들어 약자에 대한 정의감과 여성에 대한 신사도, 이런 것들은 미국의 문물을 보고 자란 우리들에게 각인된 멋진 모습입니다. 그런 미국의 심장부 뉴욕시에서 1964년 3월 새벽 3시경, 미국인의 자긍심을 수치심으로 바꾼 사건이 터집니다. '키티 제노비스 사건'입니다.

키티 제노비스라는 젊은 여성이 귀갓길에 괴한의 칼에 찔렸고, 도망가다가 잡혀 강간당한 후 다시 도망가다가 재차 칼에 찔려 사망합니다. 끔찍한 사건정황보다 더욱 섬뜩한 것은 이를 보도한 신문기사였습니다. '살인을 목격했지만 경찰에 신고조차 하지 않은 38명.' 이것이 〈뉴욕타임스〉가 헤드라인으로 뽑은 제목입니다. 그녀가 비명을 지르는 35분 동안 이를 지켜본 38명 중 그 누구도 구조의 손길을 보내지 않았다는 사실이 미국 시민들에게 수치심과 자성을 가져다줍니다. 아울러 현대 도시인들의 냉정한 삶을 부각시키는 대표적인 사건으로 자리매김합니다.

그런데 반전이 옵니다. 인기 높은 경영저술가이자 독보적인 저널리스트 말콤 글래드웰Malcolm Gladwell은 그의 출세작 《티핑포인트》에서 새로운 해석을 내놓습니다. 차가운 도시인의 무관심 같은 게 핵심이 아니라, 불행한 키티 제노비스에게는 그때 너무 많은 목격자가 있었다는 게 문제라고 지적합니다. 무려 38명. 너무 많은 목격자가 있었기에 아무도 선뜻 나서지 않았고, 수수방관하게 되었다는 것이죠. 이 참신한 해석은 '티핑포인트'의 제1법칙, 즉 '소수의 법칙'을 정당화하는 데 사용되었고, 《티핑포인트》와 말콤 글래드웰을 유명하게 만드는 데 일조합니다.

그런데 여기에 또 다른 반전이 하나 더 기다리고 있었습니다. 나중에 〈뉴욕타임스〉 보도가 오보임이 밝혀집니다. 실제 목격자는 38명이 아닌 6명이었으며, 실제로 그중 2명 이상의 이웃이 경찰에 신고했다고 합니다. 또한 그중 한 여성은 제노비스를 살리기 위해 사건현장에 뛰어들었고, 그녀의 품 안에서 제노비스는 숨을 거두었다고 합니다. 명망 있는 저널의 보도가, 유명세 있는 저널리스트의 해석이 허공으로 날아가버린 순간이죠.

의도했든 의도하지 않았든 〈뉴욕타임스〉와 말콤 글래드웰에게 책임이 있습니다. 대표적인 저널과 저널리스트 아닙니까? 그들이 전달한 지식을 믿고 수치심에 떨었고, 그들의 해석을 믿고 고개를 끄덕거리며 수긍했습니다. 그들은 우리들에게 빚을 진 것입니다. 그 빚으로 명망과 유명세를 얻었다면 더욱 큰 빚이겠고요.

지식에 대한
지식

　　믿었던 사실이 진실한 사실이 아니고 믿었던 지식이 진정한 지식이 아님을 알게 될 때, 우리는 엄청난 혼란을 느낍니다. 급기야 알게 된 최종 결론을, 그 결론을 구성하는 사실과 지식을 아는 것으로 끝나지 않습니다. 혼란스러워집니다. 무엇이 참된 사실이고 무엇이 바른 지식인지 헷갈립니다. 인생을 영화처럼 살자 했나요? 누구도 반전에 반전이 있는 서스펜스 스릴러 영화처럼 살기를 원하지는 않겠죠. 살면서 습득한 지식이 단번에 뒤바뀝니다. 뒤바뀌고 또 뒤바뀌고…. 반전에 반전을 거듭하다 보면 혼동됩니다. 혼동이 거듭된 삶은 피곤합니다.

　그럼에도 불구하고 반전은 삶의 일부입니다. 그래서 한 번씩 묻게 됩니다. 세상의 사실은 어디까지 진실일까요? 무엇이 사실이고, 무엇이 진실일까요? 우리에게 엄연한 지식은 과연 믿을 만한 것일까요? 사실과 진실이 흔들린다면 이들로 구성된 지식은 과연 믿음직하다고 할 수 있을까요? 과연 지식인은 믿을 만한 사람일까요? 명망 있고 유명세 있는 지식인들은 모두 믿을 만할까요?

　지식의 실체에 대해 생각해볼 시간입니다. 지식의 실체를 만져보고 느껴보기 위해서는 이러한 질문들로 시작해야 합니다. 질문은

새기되 답은, 당장은 보류하겠습니다. 자꾸 되새기면서 천천히 나아갔으면 합니다.

'어떤 대상에 대한 명확한 인식이나 이해'가 '지식'의 정의군요. 그러고 보니 우리는 지금 '지식의 지식', '지식에 대한 지식'을 알고자 하고 있네요. 지식에 대한 명확한 인식과 이해를 도모하고 있으니까요. 철학자들은 지식을 단순히 '인식'으로 칭하기보다는 '인식에 의한 결과 혹은 판단'으로 지칭합니다. '지식은 분별하게 해주는 것'이라고 한 법정스님도 같은 맥락입니다. 명확한 이해가 있으면 판단과 분별이 가능해지니 자연스레 받아들여집니다.

사전적이거나 철학적인 것은 아니지만 우리에게 익숙한 지식에 대한 지식이 있습니다. T. S. 엘리엇T. S. Eliot의 희곡 《바위》에 나오는 구절입니다. '정보 중에서 우리가 잃어버린 지식은 무엇인가?', '지식 중에서 우리가 잃어버린 지혜는 무엇인가?' 엘리엇의 영향인지는 모르겠지만, 사람들은 정보와 지식, 그리고 지혜를 구별합니다. 정보를 잘 엮어 얻는 것이 지식, 지식을 잘 겪어 얻은 것이 지혜라 간주합니다. 굳이 가치를 매긴다면 정보와 지혜 중간쯤에 지식이 있다고 여기는 것이죠.

여기에 '데이터'가 추가됩니다. 날것인 데이터를 익힌 것, 즉 데이터를 상황에 맞게 정리한 것이 정보라 구분하기도 합니다. 데이터,

정보, 지식, 그리고 지혜의 순인데, 요새는 이런 순서로 일단락되지 않는 모양새입니다. '빅데이터' 때문입니다. 데이터가 매우 많아지면 웬만한 정보나 지식을 뒤덮어버리고 그것들을 뛰어넘는 사실을 알려줍니다. 지혜이지요. 빅데이터를 '지혜의 신세계'라고도 부르잖아요. 결국 지혜가 다시 데이터와 맞닥뜨리게 되니 돌고 도는 형세입니다. 정보와 지혜는 이런 것, 고로 지식은 저런 것, 이런 식으로 말하기도 어렵게 되었네요.

누가 지식을
생산하는가?

지식의 실체를 파자면 아무래도 단순명쾌한 정의는 포기해야 할 듯합니다. '이것은 이렇다, 저것은 저렇다.'가 알기 쉽습니다. 단순하고 명쾌하죠. '무엇은 절대적으로 무엇이다.'라고 하면 좋으련만, 세상의 지식은 결코 그리 호락호락하지 않습니다. 하물며 지식에 대한 지식인데 어찌 만만하겠습니까?

조금 폭 넓게 가보죠. 넓은 시선으로 보니 다시금 미셸 푸코가 등장합니다. 권력의 생산적 기능을 표방한 그 푸코 말입니다. 푸코는 '지식이란 무엇인가'를 답하기 위해서는 지식의 생산 과정을 살펴보고, 지식을 생산하는 주체가 누구인지에 초점을 맞추어야 한다고 주장합니다. 특정 지식의 옳고 그름은 지식 자체보다는 그 지식이 생성된 사회의 인식구조에서 판가름 난다 합니다.

플라톤이 제시한 참되고 올바른 지식 '에피스테메episteme'는 영원불멸한 것이 아니라 우리가 살고 있는 시대와 환경에 따라 충분히 달라질 수 있다고 하는군요. 이를테면 길거리에는 벌거벗고 다니는 사람이 이상하지만, 대중목욕탕에서는 옷 입고 다니는 사람이 이상합니다. 이상한 사람을 분별하는 지식이 상황에 따라 달라지는 것이죠. 기독교에서는 무슬림이 이단이고 이슬람교에서는 크리스천이 이단입니다. 각자 자신의 종교가 진리라 외치지요. 야구장에 가면 1루석에서는 홈팀을, 3루석에서는 원정팀을 외쳐야 합니다. 아, 그러고 보니 일부 구장은 햇빛 등의 이유로 바뀌어 있네요. 아무튼 지식과 진리는 영원불변한 것이 아닙니다.

이왕 '진리'라는 단어가 나왔으니 하는 말인데, 종교 차원을 떠나서라도 제가 아주 좋아하는 문구는 '진리가 너희를 자유롭게 하리라.'입니다. 제가 다니는 직장의 교훈으로 '요한복음'에 나오는 말입니다. 진리를 알고 있다면 번민하지 않습니다. 번민하지 않으니 자유롭겠지요.

진리, 참되고 올바른 지식, 에피스테메…, 만일 이들이 명쾌·명확·명료하다면, 그리고 영원·불멸·불변하다면, 얼마나 좋을까요. 그냥 번민하지 않고 그대로 믿고 따르면 됩니다. 얼마나 맘껏 자유로울 수 있을까요. 많은 이들이 '지식'과 '자유'를 연관 짓고 동의어 아닌 동의어로 여깁니다. 인간의 갇힌 사고와 제한된 경험을 열어주는 것이 지식입니다. 눈을 뜨게 하고, 머리를 깨우고, 마음을 열어젖히게 하는 것이 지식입니다. 그 지식이 참되고 올바르며 언제나 뚜렷하고 또렷하다면 얼마나 좋을까요. 절대적인 지식, 지식의 절대성으로 가득 찬 세상이라면 얼마나 자유로울까요.

지식은 절대 절대적인 것이 아닙니다. 세상에는 '지구는 둥글다.' 라든가 '눈 오는 겨울이 지나면 꽃피는 봄이 온다.' 같은 절대 지식만 있는 것이 아닙니다. 물론 이마저도 절대 지식이 아닐 수 있네요. 지구가 둥글다고 말하면 정신 나간 사람 취급을 받던 시절이 있었고, 이미 '눈 오는 봄'을 경험했습니다. '꽃피는 겨울'도 곧 오겠죠. 그냥 있는 그대로의 사실, 우리는 이것을 '팩트'라 부릅니다. 팩트도 헷갈리는 판에 하물며 지식은 어떨까요? 팩트에 대한 인식과 이해, 더 나아가 그로 인한 판단과 분별이 지식이라고 하지 않았습니까? 팩트가 그러할진대, 지식은 더더욱 절대적이지 못합니다.

하나 더 있습니다. 푸코의 말을 좇아서 지식을 생산하는 주체를 따져봅니다. 그러면 지식이 얼마나 절대적인 것과 거리가 먼지 깨닫게 됩니다. 지식을 생산하는 주체, 그는 사람입니다. 그는 일명 '지식인'입니다.

상대적이고
관계적인

죄는 미워하되 사람은 미워하지 말라 하던가요? 저는 '사람은 믿되 사람의 말은 믿지 말라.' 하고 싶습니다. 사람은 누구나 처한 상황과 주어진 여건에 따라 다른 입장을 취합니다. 그렇지 않은 사람이 대단한 사람이지요. 우리는 지식인을 대단한 사람으로 여기는 경향이 있지만 대단한 사람이기 전에 먼저 사람입니다. 그래서 장 폴 사르트르Jean Paul Sartre는 변명합니다. 사르트르는《지식인을 위한 변명》에서 '지식인은 항상 진리의 편에 서야 하나 사회적·경제적 독립성을 확보하지 못해 권력과 부에 의지해야 하는 존재'라 단언합니다.

지식은 시대의 대세와 추세를 지지하고, 지식인은 후원세력의 입장을 지원합니다. 세상의 옳고 그름과 맞고 틀림을 정하는 것이 지식과 지식인의 역할이라지만, 지식은 시대에 따라 재구성되고, 지식인은 후원세력에 따라 지식을 재고합니다. 그것이 현실이라 말하면 너무 현실적으로 말하는 건가요. 노암 촘스키Noam Chomsky의《지식인의 책무》가 널리 읽혀진 것은 그 때문인가 봅니다. 이러한 현실을 인정하니 그러지 말자며 힘주어 강조한 것이겠죠. 지식인의 책무는 '중대한 의미를 갖는 문제에 대한 진실을 대중에게 알리는 것'이라 합니다.

많이 배운 사람이 지식인인가요? 전문가, 박사, 교수…, 그들이 모두 지식인인가요? 자기만의 논리로 무장하고 심지어 자신의 소탐을 위해 대의를 끌어다 쓰는 그들이 적지 않습니다. 지식에 참되게 다가서고 또 올바르게 물러서기가 그렇게 쉽지 않으니, 우리는 진정한 지식인을 그토록 소중히 여깁니다. 그토록 대단한 사람으로 여깁니다.

맞습니다. 문제는 '지식의 상대성'입니다. 지식의 실체에 깊게 드리워진 그림자죠. 명확한 이해와 명료한 분별을 위해 지식을 갈구하지만, 지식은 상대적입니다. 시대에 따라 혹은 사람에 따라 충분히 달라질 수 있는 것이 지식입니다.

지식은 자유라 했지요. 절대적인 진리를 추구하는 인간에게 지식은 자유를 의미합니다. 인식과 이해를 하게 하고, 판단과 선택을 하게 합니다. 그것이 곧 자유죠. 그런데 그 지식이 상대적입니다. 사회 속의 관계에 따라, 인간 간의 관계에 따라 다르고 달라지는 것이 지식의 실체입니다. 이러한 지식의 상대성, 관계성을 수긍하는 것부터 시작해야 합니다.

'자유의 관계'라 하면 어떨까요? 지식과 자유를 떼어놓고 싶은 마음은 없습니다. '진리가 너희를 자유롭게 하리라.'를 좋아한다고 하지 않았습니까. 그러나 지식의 상대성을 머리로 십분 이해하고, 관계에 의존적인 지식인을 가슴으로 십분 양해하면서 명명한 지식의 실체입니다. 자유의 관계. 받아들여주기를 바랍니다.

　어릴 적에는 받아들여지지가 않았습니다. 춘원 이광수. 한국 최초의 근대 장편소설 《무정》을 썼으며, 한때는 독립운동가로서 근대 한국의 지식인을 대표했던 그가 친일파였다니…. 어린 나이에도 수차례 아끼며 읽었던 《흙》의 저자인 그가 변절자였다니…. 그 사실을 알고 믿기지가 않았습니다. 반전이었습니다.

　그러나 또 다른 반전은 이만큼 살아온 후에 찾아옵니다. 과연 내가 그를 욕할 수 있을까? 과연 내가 그의 상황이었다면 그와 달리 처신할 수 있었을까? 정녕 그와는 다르게 진정한 지식인이 될 수 있었을까? 반전에 반전은 역시 혼란스러움입니다. 지식의 실체, 지식인의 실체, 그리고 명색이 지식인으로 살아온 저 개인의 실체에 대한 되물음만 남습니다.

지식의 실제
- 정답의 종말

'아는 것이 힘이다.' 그런데 그만큼이나 입에서 흔하게 나오는 말은 '모르는 것이 약이다.'입니다. 아는 게 힘인 줄 알았더니 모르는 게 약이랍니다. 모르는 게 약이라면 아는 게 병이라는 얘기인데, 아무튼 이것도 반전이네요. 힘인지 약인지, 힘이 중요한지 약이 더 중요한지가 관건은 아니지요. 과연 아는 것, 즉 지식은 힘인가요, 병인가요?

미국의 전 국방장관 도널드 럼스펠드Donald Rumsfeld는 달변가로 유명합니다. 그가 뛰어난 언변으로 알고 모르는 것의 미묘함에 대해서 이렇게 말했습니다.

"알려진 앎이 있다. 아는 것을 안다는 뜻이다. 알려진 무지가 있다. 모르는 것을 안다는 뜻이다. 그러나 알려지지 않은 무지도 있다. 모르는 것을 모른다는 뜻이다."

아는 것이든 모르는 것이든 알기만 하면 대응할 수 있지만, 모르는 것을 모르면 대처가 전혀 불가능하다고 역설한 것이죠. 잘 모르는 군사적 위협을 경고한 것이기도 하고요.

노자의 《도덕경》에도 유사한 맥락의 이야기가 있습니다. '모른다는 것을 아는 것이 가장 좋고知不知尚矣, 모른다는 것을 모르는 것은 병이다不知不知病矣.' 결국 아는 것이 병이 아니라, 모르는 것이 병이랍니다. 반전에 반전이네요. 어쨌든 아는 것과 모르는 것, 둘 다 아는 게 좋다고 합니다. 우리 모두 아는 명언으로 소크라테스는 "너 자신을 알라."고 했고, 그런 그를 끌어들인 존 스튜어트 밀John Stuart Mill은 "배부른 돼지보다는 배고픈 소크라테스가 낫다."고 했지요. 노벨상 수장자 대니얼 카너먼Daniel Kahneman의 말은 더욱 통렬합니다. "속 편히 세상을 살아가는 사람은 자신의 무지를 무시할 수 있는 무한한 능력을 가진 자다."

어떻습니까? 속 편히 살아가는 무한한 능력을 가진 돼지가 되고 싶지는 않겠지요? 지식은 힘입니다. 아무리 지식의 실체가 절대적이지 않더라고 지식은 힘이자 약입니다. 우리가 지식의 엄청난 도약을 추구해야 할 이유입니다. 반전하지 말고 번민하지 말아야 합니다. 미안합니다. 이 책을 붙들고 있는 여러분에게 해당되는 질문은 아닌 것 같습니다. 이제, 지식의 실제로 좀 더 다가서도록 하겠습니다.

소크라테스는 질문을 많이 한 사람입니다. 질문으로 상대의 깊은 생각과 바른 사고를 이끌어낸 철학자죠. 질문에 질문이 연이어집니다. 질문에 답을 해도 그 답으로 또 질문을 합니다. 확실한 답이었다면 질문은 계속되지 않았겠죠. 둘 중 하나입니다. 질문을 받은 자가 확실한 대답을 못했거나, 소크라테스가 원체 확실한 답이 없는 질문을 했거나. 어느 쪽이든 확실한 대답, 확실히 옳은 답은 내놓기가 쉽지 않습니다.

신이 인간에게 던진 첫 번째 질문도 만만치 않습니다. "네가 어디에 있느냐?" '창세기'에 기록된 이 심오한 질문에 '에덴동산' 또는 '대한민국 ○○시 ○○구 ○○동'이라 답하는 사람은 경박합니다. 마르틴 부버Martin Buber는 《인간의 길》에서 이 질문을 구체적으로 풀어놓습니다. "너는 네 세상 어디에 있느냐? 너에게 주어진 몇몇 해가 지나고 몇몇 날이 지났는데. 그래, 너는 네 세상 어디쯤에 와 있느냐?" 여러분의 세상, 우리 각자의 세상입니다. 그 세상의 어디입니다. 답이 없습니다. 답은 각자 다를 것이고, 그마저도 확실한 정답이 아닐 겁니다. 제가 좋아하는 법정스님이 좋아한 질문이며, 그래서 저도 좋아하게 된 질문입니다. 한 번씩 음미해보기 바랍니다.

시험당한
지식

세상에는 이렇듯 심각한 질문만 있는 것은 아닙니다. 지금이 몇 시인지, 이번 정류장이 어느 정류장인지, 이런 질문은 고민의 여지가 없습니다. 우리가 여기서 언급하는 수준의 지식이 필요 없는, 이해와 인식에 공들일 필요 없는 질문들입니다. 그러나 다음 단계의 질문으로 가면 질문들이 목적과 형식을 제대로 갖추고 본격적으로 우리를 괴롭히기 시작합니다. 다음 단계는 바로 '시험'입니다. 질문이 의도하는 목적과 질문을 표현하는 형식을 구체화하면 시험이 됩니다.

모두가 싫어하는 질문, 아니, 모두가 싫어하는 시험 하면 떠오르는 장면은 십중팔구 학교겠지요. 사실 시험만 없으면 학교는 꽤 다닐 만한 곳입니다. 학생이 되는 것도 기꺼운 일이고요. 풋풋한 학생의 신분을 멀리하게 하고 지식의 상아탑 학교를 밀쳐내게 하는 장본인은 시험입니다. 깊은 생각과 바른 사고를 이끌어내고, 올바르고 참된 지식을 끌어내는 질문이어야 하는데도 불구하고, 시험은 꼭 그렇지만은 않습니다.

시험을 봅니다. 시험을 보기 위해 배우고 외웁니다. 배우고 외우는 것은 시험에 나올 질문의 답입니다. 답은 교과서나 수업 노트에 있습니다. 교과서나 수업노트는 선생님이 만듭니다. 선생님은 지식인이거나 지식인의 지식을 답습하는 사람입니다. 결국 우리는 지식과 지식인의 생각을 답습하기 위하여 시험을 봅니다. 절대적이지 않고 영원·불멸·불변하지 않은 지식과 지식인의 생각 말입니다.

게다가 시험에는 결과가 있습니다. 결과에 의해 우월함과 열등함이 구분됩니다. 옳고 그름이 판단됩니다. 우리는 세상에 대한 이해와 인식, 분별과 판단을 위해 지식을 갈구하지만, 정작 우리에 대해 남들이 이해하고 인식하며, 그들이 우리를 분별하고 판단하는 것이 시험입니다. 선생님들은 말하죠. 지식을 얻기 위해 시험을 본다고. 그러나 현실은 시험을 보기 위해 지식을 얻는 것입니다. 기억하나요? 시험 본 후에 기억 속에서 사라져버린 그 많은 지식들을.

알고 있습니다. 시험문제를 내는 게 직업이고, 시험결과로 성적 매기는 게 업무인 사람이 할 얘기는 아니라는 것을요. 그러나 적어도 알고는 있어서 하는 얘기입니다. 시험은 수업의 목적이 아니라는 것을요. 질문은 깊은 생각과 바른 사고를 위함이지 결코 정답을 강요하기 위함이 아니라는 것을요.

지식은 넘쳐납니다. 정보와 지식은 너무 많아서 문제지 없어서 문제가 아닙니다. 구글이 하루에 처리하는 데이터양이 25페타바이트를 넘어섰습니다. 유사 이래 인류가 모든 언어로 기록해온 작품 전체를 저장하는 데 50페타바이트면 충분하다고 합니다. 구글 기준으로 단 이틀 치 분량이네요. 마음만 먹고 시간만 내면 어떤 정보, 어떤 지식도 눈앞에, 손안에 가질 수 있습니다. 그런 세상에 암기를 왜 합니까? 암기시험을 왜 봅니까? 중요한 건, 어떠한 지식이 있고, 어떻게 그 지식을 써먹을 수 있느냐지, 그 지식을 외우고 외운 것을 시험지에 적는 게 아닙니다.

계산기와 컴퓨터가 넘쳐납니다. 각종 수리문제를 푸는 알고리즘과 솔루션도 널려 있습니다. 초·중·고등학교를 거쳐 대학교에 이르기까지 수도 없이 문제를 풀었습니다. 그러나 머리를 쥐어뜯게 한 고차방정식, 삼각함수, 미적분…, 학교를 졸업한 후에는 대부분 그런 것들을 다시 볼 수 없었습니다. 일부 연구개발 관련 직업을 택한 사람들을 제외하고는 볼 기회조차 없습니다. 물론 보고 싶지도 않겠지만요.

도대체 왜 그렇게 열심히 배우고, 풀고, 쥐어뜯었죠? 우리가 그토록 수학에 공들이고, 수학문제를 풀고 또 푼 이유는, 수리적 과정을 통한 논리적 사고를 배우고자 함입니다. 결코 시험을 잘 보기 위함이 아닙니다. 시험에 의해 학력이 평가되고, 대학이 결정되고, 그리하여 성장기 인생에 적지 않은 부분이 결정되었지만, 우리가 원해서 그랬던 것은 결코 아닙니다.

산더미처럼
쌓인 정답

세상에는 많은 이들이 원하는 것이 많습니다. 만일 원하는 것, 원하는 사람, 원하는 대학, 원하는 자리가, 원하는 사람의 수만큼 충분히 많지 않다면, 선별하고 구별해야겠지요. 누군가는 정해주고 교통정리를 해주어야겠지요. 그것이 시험의 존재이유라면 반박할 생각은 없습니다. 그러나 시험이 정답을 유도하고, 정답이 학생을 출제자나 교육자의 생각으로 유도한다면, 한번 생각해볼 일입니다. 지식의 희소성이 사라지고 절대성이 옅어지는 판국에, 희소하지도 절대하지도 않은 소위 '배운 사람들'의 의도에 휘둘린다면 꼭 한 번 다시 생각해볼 일 아닙니까?

신과 철학자의 질문은 우리를 사고하게 합니다. 사고해서 스스로가 질문하게 만듭니다. 어쩌면 우리가 해야 할 일은 질문을 하는 것이지 남의 질문에 답하는 것이 아닐지 모릅니다. 질문이 부족한 사고에 창의성은 깃들지 않고, 질문이 사라진 학교에 창의적 교육은 싹트지 않으며, 질문이 억제된 회사에 창의적 신사업은 엿보이지 않습니다. 자유를 추구하는 지식입니다. 자유의 관계를 펼쳐보는 지식의 실체입니다. 정답을 강요받고 절대적이지 않은 지식인의 절대적이지 않은 지식을 강요받는 것은, 잘못된 것입니다.

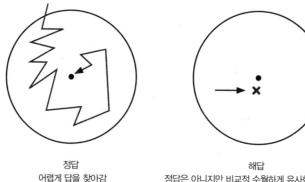

정답
어렵게 답을 찾아감

해답
정답은 아니지만 비교적 수월하게 유사한 답을 찾음

우리가 태어났고 자랐고 배웠고 일해온 시대, 그렇게 지내온 시대는 끝났습니다. 유한한 자원으로 유한한 제품을 만들어 유한한 시장에서 경쟁하던 시대는 갔죠. 무한한 디지털 세상이자 무한한 지식의 세계입니다. 너무 많은 지식이 너무 많은 융합으로 확장됩니다. 너무 많은 경우가 너무 많은 경우의 수로 확산됩니다. 이것은 이렇다, 저것은 저렇다고 단언하기 어려운 시대입니다. 인류가 하나둘 발견하고 발명해, 하나둘 정답을 알아가던 시대가 이제는 아닙니다. 발견하고 발명한 것들이 통합하고 융합해 이럴 수도 있고 저럴 수도 있어졌습니다. 지금은 그러한 시대입니다. 정답이 없는 시대. 지금 시대의 지식에는 정답이란 없습니다. 가히 정답의 종말입니다. 지식의 실제는 정답의 종말입니다.

지식의 퀀텀리프는 바로 '정답의 종말'을 인정하는 것으로 시작됩니다. 정답을 구하기 위해, 정답을 구하는 알고리즘을 찾기 위해 노력을 경주합니다. 알고리즘을 개발하기 위한 수학적 연구에 최선의 노력을 다합니다. 그래서 수학자가 되고, 개발자가 되고, 지식인이 됩니다. 그러나 그들도 압니다. 그렇게 노력해서 연구한 수학이, 개발한 알고리즘이, 구한 정답이 맞아떨어지는 세상의 일이 그리 많지 않다는 것을.

지식이 산재하듯이 답도 산재합니다. 답이 산재한다면 그 답들은 이미 우리가 기대한 정답이 아니겠지요. 지식과 지식인이 절대적인 존재가 아니라는 사실에서, 지식의 상대성과 관계성을 알았습니다. 산재하고도 상대적인 지식을 확보하고 습득하는 방법은, 정답에 목매지 않고 집착하지 않는 데서부터 출발합니다.

인생의
해답

'정답'보다는 '해답'이라고 하면 어떨까요? 인생과 사업에 딱 떨어진 정답이 있다면 좋겠지만 세상은 그리 간단치 않습니다. 그러나 상황은 닥치고 선택의 순간은 다가옵니다. 뭔가 답이 있어야겠죠. 100% 정확할 필요도 없습니다. 모든 경우의 수를 다 따지는 완전무결을 바라지도 않고요. 적절한 타이밍에 적당한 만족감을 주는 답이면 됩니다. 일상의 삶과 업에서의 답으로는 '해답'이 적합합니다. 아니, 최적입니다. 공들이며 시간 끌고, 이리저리 재고 따지는 정답은 '투 머치too much' 합니다. 그 정답이 정말 정답인지도 모르겠고요.

해답을 얻으려 하는 접근을 '휴리스틱heuristic'이라 하죠. 정답을 풀어내는 '알고리즘algorithm'과는 대비되는 접근방식입니다. 현실의 상황에서 현실적인 선택을 알려주는 방식입니다. 해답으로 방향을 선회하면 매몰되지 않습니다. 다양성과 융통성이 손에 잡힙니다. 새로운 시대가 원하는 지식을 얻을 수 있습니다. 새로운 시대가 바라는 인재가 될 수 있습니다. 여러분이 원하고 바라는 지식의 퀀텀리프에 도전할 수 있습니다.

닭과 게, 이중섭

　얼마 전 인생의 기로가 될 만한 중요한 결정을 해야 했습니다. 답을, 해답을 구하기 위해 직장에서 멀지 않은 '시인의 언덕'을 찾았습니다. 그 시인은 바로 윤동주입니다. 누구나 애잔한 윤동주의 시 한 구절은 읊어보았겠지요. 유고시집 《하늘과 바람과 별과 詩》에 수록된 '서시'가 언덕의 바위에 새겨져 있습니다. 그렇지만 바위에 적힌 '죽는 날까지 하늘을 우러러', '잎새에 이는 바람에도', '별을 노래하는 마음으로', 이런 글귀들이 마음에 들어오지 않았습니다. 제 고민은 그저 지극히 현실적인, 명색만 지식인의 고민거리였으니까요.

　언덕에서 북쪽을 보니 어렴풋이 춘원 이광수의 별장 터가 보입니다. 앞에서 말했듯이 반전을 준 인물이지요. 차라리 남쪽의 '이상의 집' 쪽으로 발길을 돌렸습니다. 이상이 20년 가까이 살았던 집이죠. 그 역시 반전의 인물입니다만, 이광수처럼, 존경받는 지식인에서 지탄받는 친일파가 되는 안 좋은 방향의 반전은 아닙니다. 개인적으로 매우 무력했던 그가 한국 시의 모더니즘 지평을 열었으니 괜찮은 반전입니다. 그러다가 우연히 인근의 이중섭의 가옥에 다다릅니다. 저에게 본질의 시각을 열어준 이중섭. 그 이중섭의 그림 '닭과 게'에 다다릅니다.

어디선지 게 한 마리 기어나온다

눈을 부라리고 옆걸음질로 기어나온다

게는 거품 뿜는다 뿜은 거품은 공중에서 꽃이 된다

때 아닌 복숭아꽃이 된다

꽃이 된 거품은 공중에서 악보를 그린다

꽃은 높고 낮은 가락으로 크고 작은 음향으로 울려 퍼진다

이때 뜻밖에도 봉같이 생긴 수탉이 찾아와서 꽃으로 울리는 음악을 듣는다

한쪽 다리를 오그리고 향기처럼 퍼붙는 음악을 듣는다

수탉은 놀란 눈이다. 꼬리를 치켜세운 채 놀란 눈이다

입에는 어인일인지 잘 익은 복숭아 한 가지가 물려 있다

복숭아는 연적같이 생긴 복숭아다
어느 도공의 입김이 성애처럼 스린 그런 복숭아다
아직도 게는 옆걸음질로 다가오고 있다
털이 난 가위발을 벌리고 연신 거품을 뿜으며 다가오고 있다

막이 오른다
어디선가 게 한 마리 기어 나와 공중에서 꽃이 된다
게가 뿜은 거품은 공중에서 꽃이 된다
꽃은 복숭아꽃, 두웅둥 풍선처럼 떠오른다.

이 시는 김상옥의 '꽃으로 그린 악보'입니다. 김상옥의 출판기념
회에 방문한 이중섭은 방명록에 한 폭의 그림을 그려놓고 가죠. '닭
과 게'입니다. 이를 보고 김상옥이 지은 시입니다. 게는 거품을 물
고, 거품은 꽃이 됩니다. 복숭아꽃입니다. 꽃은 악보가 되고 음악이
되어 수탉을 부릅니다. 수탉은 복숭아를 물고 연적과 연적을 만든
도공을 떠올리게 합니다. 다시금 게는 거품을 물고…, 이 모든 것들
이 공중으로 풍선처럼 떠오릅니다.

닭과 게, 악보와 음악, 복숭아와 연적, 그리고 거품과 풍선. 이들

모두가 생생하게 느껴진 그림과 시입니다. 생생한 자유를 느꼈고 자유로이 관계하는 향연을 느꼈습니다. 저에게 '닭과 게'는 '하늘, 바람, 별'보다 훨씬 더 현실적입니다. 훨씬 더 현실적인 답을 주었습니다. 물론 정답인지는 모르겠습니다. 그러나 그 해답 덕분에 저는 최소한, 평범한 지식인의 자유는 얻을 수 있게 되었습니다.

어떻게 지식의 도약을
이룰 것인가?

문제 잘 해결하세요? 자주 듣는 단어가 있습니다. 학생을 가르치고 인재를 양성하는 직업이라 그런가 봅니다. '문제해결능력.' 모든 기업이 언급하는 인재의 조건이 바로 문제해결능력입니다. 많은 교육기관이 내건 교육목표도 문제해결능력입니다. 새 시대의 새로운 인재상의 으뜸 조건 역시 문제해결능력을 갖추는 것이죠.

'문제상황 발생 시 여러 수단을 동원하여 이를 적절하게 해결하는 능력'입니다. 멋지긴 한데 어떤 능력을 말하는지 확 와 닿지는 않는 군요. 할 수 없이 그동안 학교에서 배운 방식을 떠올립니다. 문제를 풀고 정답을 얻고…, 이런 걸 말하는가 싶기도 합니다.

문제해결 잘하세요? 누군가에게 문제해결능력이 있냐고 물어보게 됩니다. 그것 역시 직업이 그래서 그런가 봅니다. 그랬더니 문제 해결할 테니 문제를 달라 합니다. 문제를 주면 풀겠다고요. 문제해결능력을 보여주겠다고요. 아, 이해는 합니다. 시험을 보고 정답을 써내며 공부했으니까요. 그런 방식에 익숙하니까요.

박찬욱 감독의 영화 '올드 보이'에서 배우 최민식이 연기한 오대수는 영문을 모른 채 15년을 갇혀 만두만 먹고 삽니다. 어느 날 갑자기 풀려난 그는 복수를 꿈꾸며 자신을 가둔 이유진을 찾아갑니다. 가둔 이유를 캐묻는 오대수를 이유진이 질책하며 한 얘기입니다. "자꾸 틀린 질문만 하니까 맞는 답이 나올 리가 없잖아. 왜 이유진은 오대수를 가두었을까가 아니라 왜 풀어줬을까란 말이야." 문제는 왜 가두었을까가 아니라 왜 풀어줬을까랍니다. 문제가 무엇인지 모르니 답도 해줄 수 없답니다. 문제가 틀렸는데 열심히 풀어본들 뭐합니까. 답을 구해서 뭐합니까.

주위에 그런 사람 없었나요? 소위 '무식한데 열심히 하는' 사람. 잘못된 일, 하지 않아도 될 일까지 열심히 하는 사람이죠. 문제가 무엇인지 모르고 잘못된 문제를 열심히 푸는 사람입니다. 제가 생각하는 문제해결능력이란 이렇습니다. '문제를 바르게 인식한 후 적절한 방법을 동원해서 해답을 찾고 그 답을 실행으로 옮기는 능력'입니다. 이를 '문제정의 → 답안도출 → 답안실행'의 3단계로 표현하겠습니다.

문제해결능력은 바르게 문제를 정의하는 것부터 시작합니다. 어

넓은 의미의 문제해결

1. 문제 정의 ▷ 2. 답안 도출 ▷ 3. 답안 실행

좁은 의미의 문제해결

문제해결의 진정한 의미

찌 보면 문제해결 중 가장 중요한 부분이죠. 일단 문제를 제대로 파악하면 답을 찾는 것은 어렵지 않습니다. 각종 문명의 이기利器가 즐비한 데다 인공지능의 시대 아닙니까. 상황과 여건을 잘 파악하여 문제를 정확히 인식하는 것이 최고로 중요합니다. 무엇이 문제인지를 아는 것이 문제를 푸는 것보다 훨씬 더 중요한 능력입니다. 물론 답을 도출한 후에 실천하는 것 역시 중요하죠. 실행에 대해서는 여기서 강조하지 않아도 충분하리라 봅니다.

암기하고 풀고, 반딧불과 눈雪빛으로 열심히 공부하는 방식은 구시대의 유산입니다. 그러한 유산을 물려받아, 누군가 문제를 내주면 열심히 정답을 구합니다. 이는 '답안도출'에 국한된 일입니다. 형설지공의 노력으로 답안도출에만 전념하는 것은 무식한 일입니다. 새로운 시대에 걸맞은 지식이 결여된 사람이나 할 일입니다. 많은 이들이 귀하게 여기는 능력은 그런 것이 아닙니다. 문제해결능력이란 '문제정의'에서 시작해서 '답안실행'으로 마무리된다는 것, 기억해주기 바랍니다.

경험으로
중심 잡고

　문제해결은 완전 소중한 능력입니다. 탐나는 능력이죠. 탐나는 능력을 내 것으로 만드는 방법은, 단순히 외우고 풀고 암기하고 계산하는 것이 아닙니다. 정답형 교육으로 정답형 지식을 익힌 정답형 인재에게 어울리는 능력이 아닙니다. 단순공부로 득할 수 있는 능력이 아닙니다.

　문제해결을, 그저 답안도출이 아니라 도출 전의 '문제정의'와 도출 후의 '답안실행'까지로 의미를 넓히니, 역으로 왜 그리 많은 이들이 문제해결능력을 갈구하는지 이해가 됩니다. 쉽지가 않거든요. 좀 더 구체적으로 말하자면, 문제를 정의하고 답안을 실행하게 하는 지식은 비정형unstructured(non-programmed)입니다. 반면 답안도출은 주로 정형structured(programmed) 지식이죠. 지식이 정형화되었다는 것은 기호나 언어로 표현되고, 그러니 표현된 기호와 언어로 각종 연산과 논리의 전개가 가능하다는 의미입니다. 우리가 학교 다닐 때 많이 배웠던 그런 지식, 많이 했던 그런 공부 말입니다.

　그러나 알다시피 세상은, 저와 여러분이 마주한 세상의 문제는, 정형적이지 않습니다. 순간순간 혹은 절체절명의 일들이 다 기호나 언어로 묘사되면 얼마나 좋겠습니까. 정답이 있을 테고, 정답이 있으니 그대로 따라하면 만사형통, 사통팔달이 되겠지요. 세상은 기호나 언어로 표현하기에는 너무 복잡하고, 세상의 문제는 연산이나 논리로 해결하기에는 훨씬 더 비정형적입니다. 경영학 전문가들이 사업에 서툴고, 연애 상담가가 연애에 서툰 이유입니다. 이론은 빠삭하지만요.

자전거를 생각해보세요. 자전거를 어떻게 타느냐고 누가 물어보면 뭐라고 대답할 건가요?

"자전거에 올라타서, 손으로 핸들을 잡고 방향을 잡아. 때론 브레이크를 잡으면서, 발로 페달을 밀고, 중심 잡고 앞으로 나아가."

대충 이렇죠. 말은 참 쉽습니다. 정형화된 언어로는 이 정도가 고작이니 어렵지 않습니다. 그러나 핵심은 '중심 잡고'입니다. 그러면 중심을 어떻게 잡죠? 이 부분이 핵심인데 이것은 말이나 언어, 기호로 표현하기 힘듭니다. 비정형적이니까요. 차라리 "그냥 타보고 넘어지면서 될 때까지 자꾸 해보면 돼."라고 답하는 게 옳지 않을까요? 자꾸 경험하며 자전거 타는 문제를 해결하는 게 맞을 겁니다.

말로 표현하기 어려운 지식을 충당하는 방법은 경험입니다. 체득해야 하는 지식입니다. 몇 번의 고비마다 현명한 결정을 내려 승승장구하고 있는 한 CEO에게 물었습니다.

"어떻게 그렇게 매번 좋은 결정을 하셨죠?"

"네, 그간에 좋은 경험을 많이 했기 때문입니다."

"그렇군요. 그렇다면 좋은 경험은 어떤 것이었나요?"

"네, 그간에 많이 했던 나쁜 결정입니다."

좋은 결정은 좋은 경험으로부터, 좋은 경험은 나쁜 결정으로부터 나온 것이랍니다. 결국 좋은 결정은 나쁜 결정에서 왔군요. 이래저래 많이 결정해보고 많이 경험해보라는 얘기겠지요.

베토벤, 모차르트, 바흐. 이들은 음악의 천재이자 영원한 거두입니다. 여러분은 이들의 작품을 몇 곡 정도 기억하나요? 베토벤은 650곡, 모차르트는 600곡, 심지어 바흐는 1,000곡 가까이 작곡했습니다. 대다수는 기억되지도, 칭송되지도 않는 곡들입니다. 많은 경험이 필요한 건 분명합니다.

요긴하고 진정 가치 있는 지식은 공부만 해서는 쉽사리 얻을 수 없는 것이고, 오히려 경험을 통해 어렵사리 얻을 수 있습니다. 어찌보면 뻔한 결론에 도달합니다. 하지만 뻔하지 않습니다. 이는 우리가 추구하는 '지식의 도약'의 출발점이니까요. 정답을 지향하는 공부보다는, 경험을 지향하는 무언가로 사고를 바꾸는 전환점이니까요.

경험, 경험적 지식은 머리가 좋다고, 머리띠를 둘러맨다고 얻어지는 건 아니죠. 정답에 익숙한 우리에게는 뻔하지 않은 답입니다. 그러나 경험적 지식이야말로 지금 시대의 '완소' 지식임을 알았고 이를

획득하는 것이 목표임을 알았다면, 힘내야 합니다. 문제가 무엇인
지 알았으니 적어도 가장 어렵다는 '문제정의'는 해결한 것이니까요.

독서만으로는
안 된다

다시 생텍쥐페리가 생각납니다. 《어린왕자》에 나오는 구절입니다. "사막이 아름다운 이유는 어딘가에 오아시스를 숨기고 있기 때문이야." 무덥고, 목 타고, 끝이 보이지 않는 사막이 정말 아름답겠습니까? 어딘가에 있는 오아시스를 생각하고 힘내라는 뜻이 겠죠.

사실 아까 좋고 나쁜 경험의 필요성을 언질해준 CEO보다 더욱 와 닿는 얘기를 해준 다른 CEO가 있었습니다. 좋은 결정을 할 수 있는 비결에 대해서요.

"좋은 결정을 할 수 있었던 이유는, 제가 내린 결정이 원래 꼭 좋은 것이 아니라, 제가 내린 결정을 무조건 좋게 만들려 한 마음가짐에 기인합니다."

어떤가요? 괜찮지 않나요? 지식의 엄청난 도약을 위해 힘내서 계속 가보겠습니다.

앞서 부자와 권력자를 3가지 레벨로 구별하였습니다. 지식에 대해서도 해야겠죠? 지식을 가진 자, 지식을 얻고자 힘내는 자를 '지자知者'라 부르겠습니다. '지식인'이 떠올랐지만, 지식인은 지식과 더

196

지자의 3가지 레벨

불어 시대적·사회적 소명의식을 겸비한 사람임을 알았으니, 지자로 갈음하겠습니다.

　하수의 지자는 열심히 배우는 사람입니다. 공부만 하는 사람이며, 배우기만 하고 익히지 아니하는 사람입니다. 중수의 지자는 학습學習합니다. 배우고 익히며, 공부하고 경험하는 사람이죠. 그렇다면 고수는요? 그렇습니다. 배우지 않고도 익힐 수 있고 경험할 수 있는 자입니다.

　배우려면 시간이 필요합니다. 공부하려면 노력이 요구됩니다. 한 사람이 가질 수 있는 시간과 노력은 한정되어 있습니다. 그 제한된 시간과 노력으로 오롯이 열심히 열심히 공부해도 성취하는 지식은 한계가 있습니다. 만일 자신의 시간과 노력을 아끼면서 익힐 수 있다면, 경험할 수 있다면 얼마나 좋겠습니까? 그런 방법을 찾아야 합니다. 그래야 고수의 지자가 되고, 지식의 퀀텀리프를 맞이하게 됩니다.

기억하나요? 부의 도약을 위해서는 남의 시간을, 권력의 도약을 위해서는 남의 의지를 내 것처럼, 나를 위해서 사용해야 한다고 하지 않았습니까. 지식도 마찬가지입니다. 남의 경험을 활용해야 합니다. 남의 경험을 십분 활용해서 나의 지식의 도약을 이뤄내야 합니다. 그렇지 않고는 그토록 많은, 그토록 만만치 않은 지식을 내 것으로 만들기는 불가능합니다.

남의 경험을 손쉽게 접하는 방법은 당연히 '독서'입니다. 책의 저자는 심혈을 기울여 자신이 살아왔던 경험과 살아 있는 지식을 책에 쏟아붓습니다. 독서는 저자의 지적 경험을 나누어 가지는 온전하고 안전한 방법입니다. 아주 단기간에, 아주 저렴하게 말이죠. 이토록 효율적이고 가성비 높은 독서를, 남의 경험의 집대성인 책을 가까이하지 않는 것만큼 어리석은 일은 없다고 봅니다. 어리석어서 책을 멀리하는지 아니면 책을 멀리해서 어리석어졌는지, 선후는 정확히 모릅니다만.

그렇긴 하지만 고작 독서하자는 결론을 내자고 여기까지 고생스럽게 온 것은 아닙니다. 그런 흔한 얘기를 하자고 지식의 실체와 실제, 지식의 퀀텀리프를 들먹인 것도 아닙니다. 일단 다음 문장에 집중해주세요.

"통洞: 공부하지 말고 통찰하라"

공부하지 말라고요? 압니다. 받아들이기 어렵다는 거. 하지만 지금까지, 여기까지 같이 왔다면 받아서 들이리라 생각합니다. 그냥 암기하고, 문제 풀고, 정답 맞추고…, 그런 공부를 하지 말라는 뜻이죠. 그런 식으로 공부해오지 않았다고, 그렇게 하고 있지 않다고 자신 있게 말할 수 있나요?

작금의 세상은 가히 공부의 유토피아이자 천국입니다. 시간과 노력만 있으면 맘껏 공부할 수 있습니다. 맘껏 할 수 있다면 그 자체로 가치는 떨어진 것이죠. 풍요로운 천국에서 귀한 것이란 없는 이치입니다. 이제 시간과 노력을 다른 곳에 집중해야 합니다. 빅데이터가 흘러다니고, 로봇이 굴러다니고, 인공지능이 몰려다니는 시대 아닙니까? 언제까지 공부만 하렵니까? 그런 말입니다.

통찰의 '통'의 한문은 '동洞'입니다. 의외죠? '동굴 동'이 '통'이라니. 이런 해석이 있습니다. 인류가 험한 자연과 싸우며 생명을 유지하던 시절에 동굴은 그들의 안식처였습니다. 동굴에서 안식하고 영혼을 키워 나갑니다. 인류 최초의 예술은 동굴벽화라지요. 외면의 세상과 내면의 영혼을 이어준 공간이 동굴입니다. 세상과 영혼을 이어준 공간입니다. 그래서 '동굴 동'은 '꿰뚫을 통'이라는 별칭을 갖게 되었다는 것이죠.

세상을 관찰하고 자신을 성찰합니다. 관찰한 세상과 성찰한 자신을 이어보는 것, 연결해서 생각해보는 것, 저에게는 이것이 '통찰'이라는 깨달음이 있었습니다. '동찰'이 '통찰'로 자연스레 읽혀진 깨우침이었습니다.

그런데 보통 통찰 또는 통찰력이라고 하면, 도사나 무슨 특출한 사람만이 하는 행위 혹은 능력이라 여기는 경향이 있습니다. 아니죠. 고작 동굴로 기어들어가 추위와 맹수를 피했던 원시인이 뭐가 특출했겠습니까? 우리 모두가 힘쓰고 애써야 할 통찰입니다.

통찰을 쉽게 정의해봅니다. '아무런 관련이 없어 보이는 것들을 연관 짓는 것. 아무 상관없어 보이는 것들을 이어보는 것.' 저는 통찰을 이렇게 생각합니다. 저 멀리 딴 나라의 정세와 우리나라의 경제를 연관시켜보고, 우리나라의 새로운 정책을 나의 사업과 이어봅니다. 회사의 신사업과 나에게 닥칠 변화를 연관 짓고, 연인의 사소한 행동변화와 그의 변심을 잇습니다. 그런 게 통찰 아닐까요? 누구나 이미 어느 정도는 하고 있습니다. 지금보다 한두 단계만, 한두 번만 더 이어보면 그게 통찰 아닐까요?

통찰은 지식과 지식을 잇는 것입니다. 이어진 지식은 더욱 가치가 높은 지식이 되죠. 책이나 인터넷에서 쉽게 볼 수 있는 지식이 아니고, 단순히 공부해서 얻어지는 지식이 아닙니다. 생각과 사고가 더해졌으니 경험적이자 비정형적인 지식입니다. 우리 모두에게 중요하고 요긴한 지식입니다.

지식과 지식사회에 남다른 관심을 보였던 피터 드러커Peter Drucker는 '지식을 지식에 적용하여 새로운 지식을 창출하는 과정'으로 새 시대의 혁명을 예견했습니다. 피터 드러커가 주목한 새로운 지식이야말로 통찰의, 통찰에 의한 지식이 아니고 무엇이겠습니까?

빠뜨린 게 있습니다. '문제해결능력' 앞에 꼭 붙는 단어가 있네요. '창의적'이죠. '창의적 문제해결능력'이라 합니다. 이왕이면 창의적으로 문제해결 하랍니다. 기존의 정답형 문제와 교육에서 양산되는 능력과는 선을 긋겠답니다. 창의적 인재의 아이콘 스티브 잡스는 고백합니다. "창의적인 사람들에게 그토록 대단한 일을 어떻게 할 수 있었는지 물어보면 약간의 죄책감을 느낀다. 그들은 (사물들과 생각들을) 잇기만 했기 때문이다." 또 애기합니다. "경험들을 연관 지어 새로운 것을 합성한다. 그것이 가능한 이유는 경험이 많거나 다른 사람들보다 자신의 경험에 대해 더 많이 생각했기 때문이다."

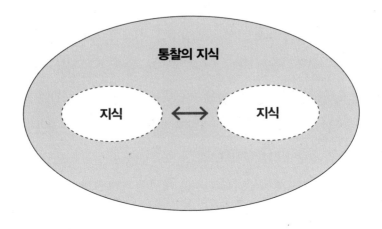

어떻습니까. 이만하면 창의가 통찰이고, 통찰이 곧 창의 아닌가요? 기존의 지식과 지식을 이어 새로운 지식을 생성하고, 이전의 경험과 경험을 이어 새로운 경험을 창출하는 것 아닌가요? 그것이 지금 시대에 제일 잘나가고 앞으로도 제일 잘나갈 능력, '창의적 문제해결능력' 아닌가요?

당신의 통찰을
위하여

어렴풋하던 것이 이제야 손에 잡힙니다. 왜 공부하지 말고 통찰해야 하는지, 지식의 엄청난 도약을 하려면 왜 통찰해야 하는지요. 공부를 열심히 하겠다는 생각, 지식을 성실히 쌓겠다는 생각은 과감히 버려야 합니다. 한 우물만 깊이 파겠다는 생각도 버려야 합니다. 절대성, 희귀성과 거리가 먼 지식의 실체를 알았다면, 정답과는 판이한 지식의 실제를 알았다면, 버려야 합니다. 제발 공부의 좁은 목적성으로 지식의 자유를 구속하지 말기 바랍니다.

세상의 지식을 연관 지어서, 남의 경험을 이어서, 더 가치 있는 지식과 경험을 만들어내야 합니다. 잇고, 연관 짓고, 통찰하고, 또 잇고, 연관 짓고, 통찰하는 방식이어야 합니다. 하나하나에 매몰되는 시간과 노력을 최소한으로 줄이고, 하나하나를 이어보는 통찰에 최대한 투자해야 합니다. 그래야 지식의 퀀텀리프를 이룰 수 있습니다.

그 많은 책을, 그 많은 정보를 언제 다 읽나요? 책과 정보는 다 보라고, 공부하라고 있는 것이 아닙니다. 그저 필요할 때 활용하라고 있는 것이죠. 직업도 그렇고 취향도 그래서 책이 엄청 많습니다. 사람들이 어렵사리 한 번씩 묻습니다. 저 많은 책을 다 읽어보았느냐고요. 저는 쉽사리 한 번에 답합니다. 미쳤냐고요. 저 많은 책을 어떻게 다 읽었겠느냐고요. 하지만 덧붙여 힘주며 말합니다. 저 책들을 읽지는 않았지만 무슨 내용이 있는지는 다 안다고요. 필요할 때 잘 찾아 활용한다고요. 오죽하면 《읽지 않은 책에 대해 말하는 법》이라는 책도 있을까요. 보지 않고도 알고, 읽지 않고도 활용할 수 있습니다. 나만의 지식과 경험을 통찰할 수 있습니다. 그것이 고수의 지자가 되어 지식의 도약을 성취하는 방법이니까요.

여러분의 통찰을 위해 3가지만 간략히 덧붙이고 끝내겠습니다. 많은 고수들이 사용하고 있는 방식입니다.

첫째, 핵심을 정해야 합니다. 지식과 정보, 책과 자료에 대하여 각각의 핵심을 정해놓는 것입니다. 데이터에 대한 데이터, 즉 메타데이터metadata라 할 수 있겠죠. 핵심, 메타데이터라 하니 왠지 거창하지만 그냥 태깅tagging하는 정도로 각자의 생각으로 용도를 붙여놓는 것을 의미합니다. 각종 SNS에 쓰는 해시태그hashtag도 그렇고 책표지나 갈피에 붙여놓은 포스트잇으로도 할 수 있습니다. 여기서 중요한 건 내가 느낀 생각, 혹은 내가 정한 용도를 적는 것입니다. 남에 의해 주어진 지식을 곧이곧대로 공부하라는 얘기는 당연히 아닙니다.

완독하지 않아도 책을 섭렵하는 방법은 목차를 꼼꼼히 보는 것이죠. 덧붙여 저자의 서문은 꼭 읽어보세요. 온전한 책이라면 목차와 서문이 많은 것을 말해줍니다. 책의 내용, 그리고 책의 특장점이 잘 정리되어 있는 것이 목차와 서문이니까요. 어쨌든 빠른 시간 내에 훑어보고 자신만의 핵심을 정해야 합니다. 명심하세요. 무엇인지를 아는 것보다 무엇이 어디에 있는지를 아는 것에 애써야 합니다.

둘째, 다양성을 추구해야 합니다. 현대는 우월성이 아닌 다양성의 시대라 하잖아요. 하나를 깊이 아는 것보다 두루두루 아는 데 더 높은 점수를 주고 싶습니다. 음악을 진정 좋아하는 사람은 다양한 음악을 듣습니다. 책을 진짜 좋아하는 사람은 다양한 책을 봅니다. 물론 두루두루 안다고 해서 피상적으로 안다는 것은 아니죠. 앞의 얘기처럼 핵심을 알면 됩니다. 자기만의 핵심을요.

다양한 주제, 주제를 간파하는 다양한 핵심을 확보하면 통찰이 수월해집니다. 통찰은 잇는 것이라 했죠. 요사이 통찰과 창의의 직업으로 새롭게 각광받는 요리사의 관점으로 봐도 그렇습니다. 다양한 요리재료를 알고 있어야 그것들을 이어서 창의적인 요리를 만들어낼 수 있잖아요. 다양한 핵심을 다양하게 이어보는 습관이 필요합니다.

제가 추천하는 방법은 신문 읽기입니다. 온라인 신문 말고 종이

신문 읽기입니다. 정치, 경제, 사회, 문화의 다양한 뉴스가 한눈에 들어옵니다. 기사를 다 볼 필요 없습니다. 일종의 태그인 헤드라인 위주로 읽고 필요한 부분만 자세히 봅니다. 그리고 뉴스들을 이어 봅니다. 엮어봅니다. 때론 비틀어 이어보기도 합니다. 충분히 가치 있는 훈련이라 장담합니다.

도공의
입김

마지막 셋째입니다. 하나하나를 이은 것, 이어진 것을 다시 하나로 보기입니다. 한 마디로 말하자면, 빅픽처big picture를 봐야 합니다. 큰 그림을 봐야 한다는 얘기인데, 이전에 제가 신문 칼럼에 썼던 빅픽처에 대한 설명은 이렇습니다. '표면적으로 별개로 보이는 사건을 연결하는 관점, 서로 다른 이슈의 관계를 파악하는 관점, 이들을 종합하는 전체상全體象이자 대국관大局觀.' 개별 지식을 이어서 새로운 지식으로 보는 것입니다. 그러고 보니 빅픽처야말로 통찰의 전형이라 할 수 있겠네요.

소싯적에 답답하고 갑갑하게만 느꼈던 철학이 새롭게 다가옵니다. 철학은 지식이 아니라 관점을 배우는 학문이라 했던가요. 관점을 배우니 진정 통찰을 연마하는 길에서 만나야 하는 학문인가 싶습니다. 그래서 많은 창의적 인재들이 철학을 치켜세우는가 싶습니다. 아무튼 막판에 너무 딱딱했나요? 그래도 익혀보기를 바랍니다. 핵심Core, 다양Diverse, 빅픽처Big-picture이니, 그냥 'BCD'로 기억하면 어떤가요? 3개를 이어서 하나로 보자면 그렇다는 거죠.

사실 철학은 지금도 좋아하기가 어렵습니다. 그러나 예술은 소싯

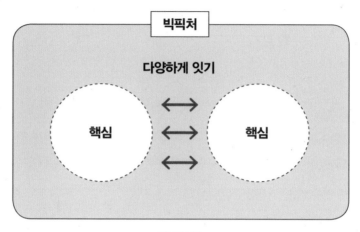

지식의 통찰

적이나 지금이나 너무 좋아합니다. 물론 좋아하는 것은 공부하는 예술이 아니라 즐기는 예술이고요. 아무래도 팝이나 가요보다는 재즈와 클래식을 좋아합니다. 정물화보다는 추상화를 좋아합니다. 예술가의 악상과 발상이 그대로 전해지는 작품보다는 저만의 감상이 더해질 수 있는 작품을 선호합니다. 우리가 예술을 좋아하는 이유는, 남의 경험으로 자기의 경험을 완성할 수 있어서 아닐까요? 예술은 공부의 대상이 아니라 통찰의 대상이라서 아닐까요?

다시 '닭과 게'로 가보렵니다. 아직 잔상과 여운이 남아 있습니다. 놀란 눈의 닭과 부라린 눈의 게입니다. 닭은 오그린 다리를 하고 게는 옆걸음질 합니다. 우리에게 익숙한 닭과 게의 모습이자 핵심입니다. 그러나 닭과 게가 같이 있는 모습은 익숙한 모습이 아닙니다. 뜻밖에 찾아온 닭과 어디선가 기어 나온 게가 만난 것이죠. 닭과 게는 다양하게 이어집니다. 꽃으로 이어지고 음악으로 이어집니다. 그래서 '닭과 게'를 보고 읊은 시의 제목에는 정작 꽃과 악보만 나오나 봅니다. 거품은 꽃으로, 꽃은 음악으로, 음악을 듣는 닭의 입에 물린 복숭아로, 복숭아는 연적으로 연이어집니다. 또 연적은 도공, 도공의 입김, 그 입김의 성에로 이어집니다. 그 꽃은 복숭아꽃이고, 악보입니다. 이 모든 것이 어우러져 한 폭의 그림, 저에게는 잊지 못할 빅픽처가 된 것이죠.

5

부, 권력, 지식,
그 영원한 트로이카

서로 의지하고
서로 정당화해주는

무엇이 먼저일까요? '형 먼저, 아우 먼저' 합니다. 형이 먼저이기도 하고 아우가 먼저이기도 해서겠죠. '레이디 퍼스트'라 하지만, 원체 남성 중심 사회여서 나온 말입니다. 매너 좋은 남자라도 여성에게 먼저 하라고 하면 안 되는 경우도 많습니다. 험한 길이나 계단을 오르내릴 때에는 레이디 퍼스트가 아니죠.

무엇이 우선일까요? 부? 권력? 아니면 지식? 돈이 최고이니 부가 우선이랍니다. 힘 있으면 다 되니 권력이 우선이라고도 합니다. 아니, 지식의 시대이니 당연히 지식이 우선이라 치켜세우기도 합니다. 왠지 부와 권력을 내세우는 것보다는 멋있기도 하고요.

무엇이 최고이고 무엇이 우선일까요? 무엇이 우선이냐에 따라 어떤 이는 부자가, 어떤 이는 권력자가 되려 합니다. 또 어떤 이는 지식인, 아니 최소한 지자知者가 되고자 하겠지요.

우리가 살아온, 지켜본 역사에서 어느 정도는 얘기해볼 수 있을 것 같습니다. 고대, 중세, 근대…, 이런 시기 말고 우리가 살아왔던 그래서 지켜보았던 얼마 전까지의 현상을 말해보면 이렇습니다.

일단 권력자가 부자에 앞서는 형세입니다. 권력이 있으면 많은 이권을 확보합니다. 권력자의 이권, 즉 이익을 얻는 권한은 웬만한 부자가 꿈꾸는 부의 크기를 훨씬 뛰어넘습니다. 여러 번 보았습니다. 대통령부터 하다못해 말단 공무원까지, 일부(물론 일부입니다.)의 그들이 행한 권력의 남용을, 그들이 취한 부의 위용을.

권력자는 각종 법과 제도로 부자를 옭아맬 수 있습니다. 법과 제도로 진흥하고 규제합니다. 들었다 났다 하죠. 그런데 법과 제도를 만드는 사람은 따로 있습니다. 바로 지식을 가진 자, 지자입니다. 권력자들의 정책은 지자의 머리에 의지해야 합니다. 복잡하고 다사다난한 현대사회의 권력은 지식에 의존해야 합니다. 그래서 권력자들이 가장 아끼는 사람은 자신의 존재를 정당화해주는 지자입니다. 참고로 무소불위의 권력자들이 가장 싫어하는 사람은 지식인이죠. 정당하지 못한 권력에 대항하는 지식인 말입니다. 이렇든 저렇든 지자와 지식인은 구분해야 할 것 같군요.

권력보다 지식이 먼저라 하는 또 하나의 이유는, 지식이 권력의 등용문이기 때문이죠. 왕권도 없고, 절대권력도 없습니다. 물론 세습도 없습니다. 열심히 지식을 연마해서 좋은 대학에 가고, 높은 학위를 따고, 어려운 고시를 뚫습니다. 이쯤에서 부도 다시 등장합니다. 빠질 수 없죠. 지식을 얻기 위해, 더 고급한 지식을 더 효율적으로 얻기 위해서는 당연히 부가 필요합니다.

우스갯소리로 자녀를 좋은 대학에 보내려면 '엄마의 정보력, 아빠의 무관심, 할아버지의 재력'이 있어야 한다고 하잖아요. 애매한 부자가 아니라 원래 부자여야 한다잖아요. 그러고 보니 이것도 '엄마의 지식, 아빠의 권력(내려놓음), 할아버지의 부'네요. 아무튼 지식은 부에 기대고, 지자 혹은 지식인은 부자에게 기대는 모양입니다.

어떤가요. 답이 나왔나요? 부보다는 권력이, 권력보다는 지식이, 지식보다는 부군요. 답은 답인데 답이 없네요. 돌고 도니까요. 문득 생각납니다. 한동안 유행했던 조크인데, 한 번 물어보겠습니다.

"경찰과 검사와 기자가 같이 술 먹으면 누가 술값을 낼까요?"

답은, 술집주인이랍니다. 경찰, 검사도 아니고 기자도 아닌 술집주인이랍니다. 이유는 이렇습니다. 경찰이 제일 무서워하는 게 검찰이고, 검찰이 두려워하는 게 언론입니다. 또 사사건건 발로 뛰는 기자가 신경 쓰는 건 경찰이라서 그렇답니다. 돌고 도네요. 돌고 도니 결국 모두의 눈치를 보는 술집주인이 술값을 낸다는 얘기죠. 한동안은 여기에 교수도 껴 있었다고 하네요. 술값 안 내기는 마찬가지라며. 그래도 독수리 삼형제, 삼총사, 삼각관계가 재미있지 않습니까? 어쨌든 저로서는 빠져서 다행입니다.

욕망의 자유, 관계의 욕망, 자유의 관계

너무 가벼웠나요? 다시 진중하게 기억해보겠습니다. 부의 실체는 '욕망의 자유'라 했지요. 반면 권력의 실체는 '관계의 욕망'이라 했습니다. 그리고 기억하죠? 지식의 실체는 '자유의 관계'입니다. 부, 권력, 지식의 실체를 들여다보면서 '욕망', '관계', '자유'를 설명하였습니다. 자유의 관계, 관계의 욕망, 욕망의 자유, 또 자유의 관계…, 역시 돌고 돕니다. 돌고 도는 형세고, 물고 물리는 형국입니다. 무엇이 꼭 우선이랄 게 없습니다.

맞습니다. 부와 권력, 그리고 지식은 결코 서로 뗄 수 없는 삼총사입니다. 우리네 인생과 인류의 역사를 떠받치고 있는 삼발이입니다. 아니, 어쩌면, 솔직히 말하자면, 인생과 역사를 이끄는 3마리의 말입니다. 삼두마차입니다. 부, 권력, 지식, 영원한 트로이카troika입니다.

그런데 변하고 있습니다. 트로이카의 양상이 변화하고 있습니다. 트로이카를 이루는 3마리의 말이 변하는 건 아닙니다. 오히려 그들은 더욱 부각되고 있습니다. 변하고 있는 건 그들의 우선순위입니다. 참, 돌고 도니 우선순위라 하기도 그렇군요. 변화하고 있는 것

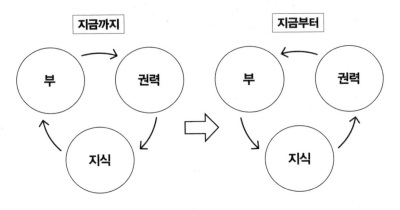

부, 권력, 지식 흐름의 변화

은 물고 물리는, 즉 누가 물고 누가 물리는가 하는 형세입니다.

부와 권력부터 살펴보죠. 그동안 권력이 부를 앞질러 있었으나 지금은 부에 따라잡히고 있습니다. 앞에서 이런 비교를 했습니다. 부는 점점 집중되고 있으나 권력은 점점 분산되고 있다고. 집중되는 것과 분산되는 것, 누가 더 유리할까요.

신흥부자는 권력자를 존경하지도, 무서워하지도 않습니다. 지나친 정경유착이나 불법탈세로 부를 거머쥔 일부 구시대의 부자들이나 권력자를 두려워하지, 신흥부자들은 그렇지 않습니다. 그들은 제도의 후원을 업은 벤처나 대중의 지원을 얻은 스타입니다. 그들은 권력자를 가까이하려 하지 않습니다. 오히려 권력자들이 그들에게 가까이 다가가려 합니다.

반면 요새 부자는 지식을 무척 중시합니다. 부의 모든 근원은 세상 돌아가는 지식이라는 것을 너무도 잘 알고 있어서죠. 국내에서나 국외에서나 잘나가는 부자는 책을 좋아합니다. 제일 난해한 책의 저자인 철학자들을 존경합니다. 지식의 가치를 가장 잘 알고, 지자 혹은 지식인을 제일 환대하는 사람들이 부자입니다. 그렇습니다. 결국 권력보다는 부, 부보다는 지식 순이라는 거죠.

　권력과 지식의 판세가 남았군요. 예측할 수 있다시피 이 승부에서는 권력이 우세합니다. 지금 세상에서의 지식은 절대적이지도 귀하지도 않습니다. 귀하고 절대적인 것을 얻자면 부자의 도움이 간절했겠죠. 그러나 여기저기 넘쳐나고 이래저래 상대적인 지식입니다. 지식을 가진 자는 자신의 지식을, 자신의 가치를 입증하고 퍼뜨려줄 제도와 시스템이 필요합니다. 물론 제도와 시스템을 만들고 쥐락펴락하는 자는 권력자입니다.
　과거에는 부는 권력에 의지하고, 권력은 지식에, 지식은 부에 의지했었습니다. 이제는 반대방향으로 바퀴가 돌아갑니다. 부는 지식에 의존하고, 지식은 권력에, 권력은 부에 의존합니다. 이렇듯 3마리의 말은 그들의 상호작용을 달리하며 힘차게 앞서거니 뒤서거니 달려가고 있습니다. 새로운 세상으로. 실체가 아닌 실제의 모습으로, 새로운 세상으로 달려가고 있습니다.

평균의 종말, 책임의 종말, 정답의 종말

　거세게 달리던 부, 권력, 지식의 삼두마차가 일견 멈춘 듯 격변의 혼란을 보여주더니, 이제는 반대방향으로 바퀴가 굴러갑니다. 우리가 굳건하게 믿었던 목적지가 아닌 전혀 다른 신세계로 달려가고 있습니다. 모든 것이 불확실한, 지금까지 없던 세상으로요.

　그렇게 된 계기에는 종말이 있어서입니다. 3가지의 종말이었죠. 부의 세계에는 평균의 종말이, 권력의 세계에는 책임이 종말이, 그리고 지식의 세계에서는 정답의 종말이었습니다. 꽤 많은 지면과 노력을 통해 이들의 종말을 설명했지요. 모두 우리에게 그간 너무나 익숙한 것들이니까요. 익숙한 것들과의 이별은 항상 어려우니까요. 종말을 맞이한 이것들에게는 공통점이 있습니다. 이들은 확실합니다. 평균은 가운데로 모이니 확실히 보이고, 책임은 소재가 뚜렷하니 확실히 보이고, 정답은 모두가 인정하니 확실히 보입니다. 눈에 확실히 보이고 손에 확실히 잡힙니다. 확실하다는 것은 우리의 인식에 확실하다는 것입니다. 확실한 인식을 심어줄 만큼 우리에게 익숙하다는 얘기지요.

　불확실성의 시대라 하잖아요. 그간에 확실했던 것들이 더 이상

확실하지 않게 되었습니다. 불확실합니다. 불안합니다. 그러나 확실, 불확실도 결국 우리의 인식의 문제이고, 익숙해지느냐 여부의 문제입니다. 우리의 통념과 고정관념의 문제입니다. 불안해하지만 말고 세상이 바뀌었으니 우리도 바뀌어야죠. 변해야 할 때 변해야 합니다. 익숙하고 확실한 것들에게 작별을 고하고, 문을 박차고, 큰 걸음으로 뛰쳐나가야 합니다. 점프, 퀀텀점프, 퀀텀리프, 엄청난 도약을 해야 합니다.

남의 시간, 남의 의지, 남의 경험

　　3가지 유형의 사람이 있습니다. 변해야 할 때 스스로 변하는 자, 변해야 할 때 억지로 남에 의해 (그것도 타이밍 늦게) 변하는 자, 변해야 할 때 변하지 못하는 자. 당신은 어떤 유형입니까? 이제까지 어떤 경우가 많았나요? 그러고 보니 부, 권력, 지식 각각에도 3가지 유형의 사람들이 나왔습니다. 기억하죠? 부자의 3가지 레벨, 권력자의 3가지 레벨, 지자의 3가지 레벨 말이에요. 하수, 중수, 고수 말입니다.

　이 책에서 이들은 모두 엄청나게 주요한 역할을 합니다. 엄청나게 중요한 논지를 뒷받침하기 위해 쓰였죠. 부의 도약을 위해서는 남의 시간을 나의 것처럼 써야 합니다. 마찬가지로 권력의 도약을 위해서는 남의 의지를, 지식의 도약을 위해서는 남의 경험을 나의 것처럼 나를 위해 써야 합니다. 남의 시간, 남의 의지, 남의 경험입니다.

　남의 시간과 의지, 그리고 경험을 활용하자는 얘기이지 악용하거나 옳지 않게 이용하자는 이야기는 아니었습니다. 충분히 이해하고 있겠지요. 어쨌건 이런 발상의 근원은 '나'의 유한성에 기인합니다. 나의 시간은 한정되어 있고, 나의 의지를 쏟을 곳과 나의 경험이 쌓일 곳은 제한되어 있습니다. 부·권력·지식의 퀀텀리프를 이루려면 '나'만 가지고는 안 됩니다. '넌 또 다른 나'라는 발상이 필요합니다. '남은 또 다른 나'가 되어야 도약할 수 있습니다.

'끝의 시작'이 있다면 '시작의 끝'도 있겠지요. 새로운 세상, 지금까지와는 다른 전혀 새로운 혁명의 시대가 시작되고 있습니다. 새로운 시대의 시작이 끝을 보이고, 이제 본격적인 변화가 닥칠 겁니다. 기하급수적인 변화가 밀어닥칠 겁니다. 그러한 변화의 물결을 엄청난 도약으로 가뿐히 뛰어넘고 싶지 않나요?

부와 권력, 그리고 지식은 멀리하면 절대 안 될 것들입니다. 무조건 가까이해야 할 것들입니다. 아직도 부적절한 부, 휘두르는 권력, 고리타분한 지식을 떠올리지는 않겠죠? 부, 권력, 지식. 우리의 인생을 이끄는 트로이카를 절대 폄하해서는 안 됩니다. 진솔하고 담백한 마음으로 3마리의 말을 쓰다듬고 아껴주어야 합니다. 힘껏 달리게 해야 합니다. 나를 위해서. 나에게 부족한 시간과 의지, 그리고 경험을 위해서.

오랜 기간 대학교수를 하다 보니 말미에는 자꾸 정리하려 듭니다. 이 장 전체가 사실 그렇고요. 부, 권력, 지식을 다룬 각 장에서 종으로 펼쳐진 내용을, 이번에는 횡으로 접어서 정리하고 있습니다.

물었습니다. "어떻게 부의 도약을 이룰 것인가?" 제 답은 "남의 시간을 나를 위해 쓰는 것"이었습니다. 그리고 남의 시간을 쓰는 방법은 "생산하지 말고 연결하라."였고요.

이것도 물었습니다. "어떻게 권력의 도약을 이룰 것인가?" 제 답은 "남의 의지를 나를 위해 쓰는 것"이었습니다. 그리고 남의 의지를 쓰는 방법은 "소유하지 말고 통제하라."였고요.

이것도 역시 물었습니다. "어떻게 지식의 도약을 이룰 것인가?" 제 답은 "남의 경험을 나를 위해 쓰는 것"이었습니다. 그리고 남의 경험을 쓰는 방법은 "공부하지 말고 통찰하라."였습니다.

'통통통'

알고 있으리라 믿습니다. 갑자기 생산하지 말라거나, 불현듯 소유하지 말라거나, 무조건 공부하지 말라는 말이 아니라는 것을요. 너무 당연하고 너무나도 익숙한 생산, 소유, 공부의 양식을 바꾸고 버리라고 한 말이었습니다. 그렇지 않고는 도약할 수 없기 때문입니다.

확실하고 익숙한 '생산, 소유, 공부'의 자리에 불확실하고 생소한 '연결, 통제, 통찰'이 들어섭니다. 연결하고, 통제하고, 통찰해야 합니다. '통통통' 해야 합니다. 연결할 통通, 거느릴 통統, 꿰뚫을 통洞

이거든요. '통통통.' 통통통 튀는 발상으로 통통통 뛰어 위대한 도약을 이루자면, 너무 경망스러운가요? 이 또한 열심히 정리하려는 노력임을 알아주기 바랍니다.

이 책을 쓰는 내내 3명의 재즈 피아니스트의 음악을 들었습니다. 빌 에번스Bill Evans, 키스 재럿Keith Jarrett, 에디 히긴스Eddie Higgins입니다. 아침이건 낮이건 밤이건 듣기 좋습니다. 특히 글 쓸 때의 외로움을 덜어주면서 사고의 흐름을 더해주기도 합니다. 저에게 이들은 트로이카입니다. 그들만으로도 트로이카이지만, 그들은 대부분의 곡에서 재즈 트리오를 리드합니다. 피아노, 베이스, 드럼. 재즈의 음을 만들어 내는 최고의 트로이카이지요.

또한 부, 권력, 지식의 트로이카를 연상하게 해줍니다. 대중적이니 상업적으로 느껴지고, 그래서 부가 연상되는 에디 히긴스. 현존하는 최고의 재즈 피아니스트라는 별칭으로 권력이 연상되는 키스 재럿. 정통적이기도 하고 기름칠한 가르마에 뿔테안경 쓴 인물사진이 무척이나 지적으로 보이는, 그래서 지식이 연상되는 빌 에번스. 이들은 여러모로 트로이카입니다. 제 인생과 이 책의 역사를 함께한 트로이카입니다.

부와 권력의 대이동,
누가 움켜쥐는가?

끝나는 마당에 에필로그 제목이 너무 강하네요. 그러나 알고 싶지 않나요? 부와 권력이 대이동하고 있습니다. 어디에서 출발하는지는 대충 알겠지만 대체 어디로 흘러가고 있을까요? 누구나 느끼고 있습니다. 지금까지의 방식과는 전혀 다르게 부와 권력이 생성되고 축적되고 확대되고 있다는 사실을요. 새로운 부와 권력을 누가 움켜쥘까요? 엄청난 도약으로 무지막지해진 부와 권력을 과연 누가 움켜쥘까요? 아니면, 누가 엄청난 도약으로 무지막지한 부와 권력을 움켜쥐고 있을까요?

혹시나 해서 하는 얘기인데 《매개하라》라는 책 읽어보았나요? 이 강렬하고 섹시한 질문은 그 책의 부제입니다. 그 책은 제가 쓴 책이고요. 하하. 《매개하라》는 부제로 쓴 질문에 답하는 책입니다. 새로운 시대, 새로운 세상에서 도약을 이룬 부자, 권력자, 지자가 누구인지를 밝히는 책입니다.

필터   커뮤니케이터   모빌라이저   코디네이터

어댑터   에이전트   매치메이커   컴바이너

그 누구는 바로 '매개자'입니다. 사이존재이지요. 양편을 이어주는 자, 양편의 연결을 가능하게 하는 자입니다. 양편 사이에 존재하니 본디 파생적인 존재였지요. 수동적이기도 하고요. 그러나 이제는 엄청나게 능동적입니다. 뒤에서 조용히 실리나 챙기며 수줍게 살았던 매개자들이 본격적으로 전면에 보란 듯이 나서고 있습니다. 기생적이었던 사이존재가 지금은 그들을 태생시킨 이들을 압도하고 있습니다. 매개하고 연결함으로써 군림하고 있습니다. 초연결사회라 하지 않습니까? 우리는 알아야 합니다. '연결의 시대'의 다른 말은 '매개의 시대'라는 것을. '매개자의 전성시대'라는 것을요.

매개자에는 몇 가지 유형이 있습니다. '길목의 매개자'는 필터filter이고, '길들이는 매개자'는 커뮤니케이터communicator입니다. '판 벌

230

이는 매개자'는 모빌라이저mobilizer이며, '판 키우는 매개자'는 코디네이터coordinator이고요. 한편 '속 다른 매개자'를 어댑터adapter, '겉 다른 매개자'를 에이전트agent라 부릅니다. 또 '같은 것을 다르게 보는 매개자'는 매치메이커matchmaker, '다른 것을 같게 보는 매개자'는 컴바이너combiner라 불렀습니다. 모두 8가지의 유형입니다.

여러 강연에서 청자들이, 여러 리뷰에서 독자들이 그러더군요. 이렇게 많은 매개자가 있는지 몰랐다고. 그래서 이렇게 8가지 매개와 매개자를 구분하고 구별한 것만으로도 인정할 만하다고. 기분이 좋았으나 엄청 좋지만은 않았습니다. 사실 그들의 유사점, 차이점, 또한 각각의 득세이유, 성공전략을 연구하고 정리하느라 정말 애썼거든요. 이 모든 것을 알아주었으면, 하나하나 칭찬받았으면 하는 속된 지식인의 염원이니 이해해주길 바랄 뿐입니다.

아무튼 8가지 매개자를 통해 생산하지 말고 연결해야 하는 이유, 소유하지 말고 통제해야 하는 이유, 심지어 공부하지 말고 통찰해야 하는 이유를 한층 세세히 설명했습니다. 이 책에서 부족한 부분, 성이 안 찬 부분을 《매개하라》로 보충할 수 있으리라 생각합니다. 많은 예와 함께 성공요인과 전략도 기술했으니 참고 바랍니다.

진심으로 독자 여러분이 알아주었으면 하는 것이 따로 있습니다. 욕심도 참 많지요. 이 책은 《매개하라》의 프리퀼prequel입니다. 전

편인 셈이죠. 부와 권력, 그리고 지식까지, 누가 움켜쥐는지, 어떻게 움켜쥐는지, 이것들을 알기 전에 먼저 알아야 할 것들이 있다고 생각했습니다. 부, 권력, 지식의 실체와 실제를 알아야 한다고 생각했습니다. 부, 권력, 지식의 트로이카에 대해 우리는 왜 도약해야 하고, 또 어떻게 도약해야 하는지 곱씹어보고 알아채야 한다고 생각했습니다. 꼭 알아야 한다고 생각하고 있습니다. 그것이 저의 수년간에 걸친 노력이자 바람이었습니다. 그러니 이 정도의 욕심은 괜찮지 않을까요?

감사의
마음

    개인적으로 매우 기쁩니다. 홀가분하기도 하고 아쉽기도 합니다. 오랫동안 마음 깊이 자리 잡고 있던 '매개하라 3부작'이 완성되었으니까요. 물론 제 마음속의 완성입니다. 《당신의 퀀텀리프》, 이 책에서 《매개하라》로, 그리고 《매개하라》의 인간관계 버전이라 할 수 있는 후속작 《거리두기》까지. 완성의 마음을 완성하기 위해 감사의 마음을 전합니다.

    3부작을 완성시켜준 쌤앤파커스 출판사에 감사드립니다. 저를, 저의 능력을 인정해주고 존중해주었습니다. 저의 작품을 결이 다르다며 각별히 아껴주었습니다. 하지만 쌤앤파커스는 처음부터 지금까지 결이 같았습니다. 그 한결같음에 감사드립니다. 감사드리는 마당에, 3부작 세트판도 만들어줄 것을 미리 감사드립니다.

    세상에 태어나서, 그래도 허접하다 소리 듣지 않은 책들로 3부작을 만들고, 세트판도 만들어졌다면, 이보다 기쁘고 운 좋은 일이 얼마나 더 있을까요? 그 행운을 가져다준 독자 여러분들께 마음 다하여 감사드립니다. 한 분 한 분의 격려와 응원, 절대 잊지 않겠습니다.

그리고 '매개'로 점철된 지난날들의 뿌리가 완성된 순간, 지난 그날들을 포함한 제 인생 모든 날들의 뿌리가 마음에 가득 찹니다. 부모님입니다. 건강과 자궁을 물려주신 아버지, 성실과 인내를 가르쳐주신 어머니입니다. 자식이 부모에게 어찌 감사의 마음을 온전히 전할 수 있겠습니까. 그저 말씀드립니다. 사랑합니다. 감사드립니다. 이 책의 출간 직전 하늘나라로 떠나가신 아버지, 아버지가 못 보실 새롭고 새로운 세상에서도 잘 살아가겠습니다. 아버지께 이 책을 바칩니다.

참고문헌

1. 당신은 퀀텀리프 해야 한다.

이문열, 《우리들의 일그러진 영웅》, 문학사상사, 1987.

헤르만 헤세, 전영애 역, 《데미안》, 민음사, 2000.

Adam Smith, The Wealth of Nations, W. Strahan and T. Cadell, 1776.

Samuel Smiles, Self-Help, John Murray Ⅲ, 1859.

Henri Matisse, Icare, 1946.

복희伏羲, 정병석 역, 《주역》, 을유문화사, 2010.

Thomas S. Kuhn, The Structure of Scientific Revolution, University of Chicago Press, 1962.

Maurice Ravel, "Bolero", 1928.

Pat Metheny, "Are You Going With Me?", Offramp, 1981.

한양대학교 과학철학교육위원회, 《이공계 학생을 위한 과학기술의 철학적 이해》, 한양대학교 출판부, 2008.

F. 스콧 피츠제럴드, 김욱동 역, 《위대한 개츠비》, 민음사, 2003.

J. D. 샐린저, 공경희 역, 《호밀밭의 파수꾼》, 민음사, 2001.

Led Zeppelin, "Stairway to Heaven", Led Zeppelin Ⅳ, 1971.

AC/DC, "Highway to Hell", Highway to Hell, 1979.

2. 부의 퀀텀리프

Pablo Ruiz Picasso, Bull Series, 1945-1946.

Johann Sebastian Bach, "Die Kunst der Fuge", 1080.

로버트 기요사키, 형선호 역, 《부자 아빠 가난한 아빠》, 황금가지, 2001.

Georg Simmel, Philosophy of Money, Routledge, 1811.

Alvin Toffler, Revolutionary Wealth, Bantam Doubleday Dell Publishing Group, 2007.

Adam Smith, Wealth of Nations, W. Strahan and T. Cadell, 1776.

Karl Marx, Capital, Progress Publishers, 1867.

임춘성, 《멋진 신세계》, 쌤앤파커스, 2017.

MJ 드마코, 신소영 역, 《부의 추월차선》, 토트, 2013.

Thomas Piketty, Capital in the Twenty-First Century, Harvard University Press, 2013.

이문세, "끝의 시작", 독창회 1981-1999, 1999.

임춘성, 《매개하라》, 쌤앤파커스, 2015.

이문열, 《삼국지》, 민음사, 2002.

Gary Hamel, Competing for the Future, Harvard Business Review Press, 1996.

랜디 포시, 심은우 역, 《마지막 강의》, 살림, 2008.

3. 권력의 퀀텀리프

국립국어원 표준국어대사전, http://stdweb2.korean.go.kr

Max Weber, Economy and Society, University of California Press, 1978.

Thomas Hobbes, Leviathan, Andrew Crooke, 1651.

Amitai Etzioni, A Comparative Analysis of Complex Organizations, The Free Press, 1961.

John French and Bertram Raven, Studies in Social Power, Institute for Social Research, 1959.

한병철, 《권력이란 무엇인가》, 문학과지성사, 2016.

Moises Naim, The End of Power, Basic Books, 2013.

Mario Puzo, The Godfather Part Ⅲ, Paramount Pictures and Zoetrope Studios, 1990

Elias Canetti, Crowds and Power, Gollancz, 1962.

Michel Foucault, Surveiller et Punir : Naissance de la Prison, Gallimard, 1975.

C. Wright Mills, Power Elite, Oxford University Press, 1968.

C. Wright Mills, White Collar, Oxford University Press, 1951.

Alfred Dupont Chandler, The Visible Hand, Harvard University Press, 1977.

Ronald Coase, The Nature of the Firm, Oxford University Press, 1993.

무라카미 하루키, 이영미 역, 《무라카미 하루키 잡문집》, 비채, 2011.

Marshall Mcluhan, Understanding Media : The Extensions of Man, McGraw Hill, 1994.

마키아벨리, 강정인 역, 《군주론》, 까치글방, 2008.

4. 지식의 퀀텀리프

Bryan Singer, The Usual Suspects, PolyGram, Spelling, Blue Parrot, Bad Hat Harry, and Rosco, 1995.

M. Night Shyamalan, The Sixth Sense, Hollywood, Spyglass and Kennedy/Marshall, 1999.

Martin Gansberg, "38 Who Saw Murder Didn't Call the Police", 〈New York Times〉, March 27th 1964.

말콤 글레드웰, 임옥희 역, 《티핑 포인트》, 21세기북스, 2004.

T.S. Eliot, The Rock, Faber & Faber, 1934.

Michel Foucault, Surveiller et Punir : Naissance de la Prison, Gallimard, 1975.

Jean Paul Sartre, Plaidoyer Pour Les Intellectuels, Gallimard, 1972.

Noam Chomsky, Writers and Intellectual Responsibility, Pluto Press, 1996.

Donald Rumsfeld, Known and Unknown, Penguin Audiobooks, 2011.

노자, 황병국 역, 《도덕경》, 범우사, 2001.

마르틴 부버, 장익 역, 《인간의 길》, 분도출판사, 1977.

윤동주, '서시序詩', 《하늘과 바람과 별과 詩》, 정음사, 1955.

이중섭, 닭과 게, 제작년도 미상.

김상옥, 꽃으로 그린 그림, 《김상옥 시전집》, 창비, 2005.

박찬욱, 올드보이, 쇼이스트, 2003.

생텍쥐페리, 황현산 역, 《어린왕자》, 열린책들, 2015.

Peter Drucker, Management Challenges for the 21st Century, Routledge, 2015.

Pieere Bayard, How to Talk About Books You Haven't Read, Bloomsbury USA, 2009.

임춘성, "우리에겐 '빅 픽처'가 없다.", 매일경제신문, 2017년 1월 17일자.

에필로그_부와 권력의 대이동, 누가 움켜쥐는가?

임춘성, 《매개하라》, 쌤앤파커스, 2015.

임춘성, 《거리두기》, 쌤앤파커스, 2017.

임춘성

연세대학교 산업공학과 교수.

서울대학교 산업공학과를 졸업하고 미국 캘리포니아 버클리대학교에서 산업공학 박사학위를 취득했다. 미국 뉴저지 럿거스대학교 교수를 거쳐 지금은 연세대학교 교수로 재직 중이다. IT기술과 디지털 경제가 개인의 삶과 기업의 비즈니스에 미치는 영향과 변화에 대응하는 전략에 관한 연구를 20여 년간 수행해왔으며, 이에 대한 다수의 전문서와 논문을 써왔다. 산업정책, 기술경영 전문가로 1,000여 곳이 넘는 기업과 조직을 진단, 평가하고 미래전략을 제안해왔다. 특히 근자에 출간한 《멋진 신세계》는 4차산업혁명의 핵심기술들에 대한 인문적인 본질과 사회적인 변화에 대한 융합적인 시각을 제시한 것으로 유명하다.

전작 《매개하라》는 인문과 사회, 경영과 기술을 아우르는 독특한 스펙트럼으로 많은 독자들의 사랑을 받았으며, 《매개하라》의 인간관계 버전인 《거리 두기》 역시 에세이 독자들의 마음을 사로잡아 스테디셀러로 꾸준히 읽히고 있다. 이 책 《당신의 퀀텀리프》는 《매개하라》의 프리퀄이자 3부작의 완결편으로서, 폭발적으로 성장하는 이 시대 부·권력·지식이 어디로 가고, 누가 그것을 움켜쥐었으며, 도약시키는 비결이 무엇인지를 신선한 접근법으로 통찰한다.

저자의 강연과 칼럼은 역사, 철학, 문학, 예술을 넘나드는 지적 통찰과 기술, 사회 발전에 대한 날카로운 방향 제시로 크게 호평받고 있다.

당신의 퀀텀리프

2018년 11월 16일 초판 1쇄 | 2018년 12월 17일 4쇄 발행

지은이·임춘성

펴낸이·김상현, 최세현
책임편집·최세현 | 디자인·임동렬

마케팅·김명래, 권금숙, 심규완, 양봉호, 임지윤, 최의범, 조히라, 유미정
경영지원·김현우, 강신우 | 해외기획·우정민

펴낸곳·(주)쌤앤파커스 | 출판신고·2006년 9월 25일 제406-2006-000210호
주소·경기도 파주시 회동길 174 파주출판도시
전화·031-960-4800 | 팩스·031-960-4806 | 이메일·info@smpk.kr

ⓒ 임춘성(저작권자와 맺은 특약에 따라 검인을 생략합니다)

ISBN 978-89-6570-713-4 (03320)

쌤앤파커스(Sam&Parkers)는 독자 여러분의 책에 관한 아이디어와 원고 투고를 설레는 마음으로 기다리고 있습니다. 책으로 엮기를 원하는 아이디어가 있으신 분은 이메일 book@smpk.kr로 간단한 개요와 취지, 연락처 등을 보내주세요. 머뭇거리지 말고 문을 두드리세요. 길이 열립니다.